Christiane Wyrwa

LITERARISCHE UTOPIEN VON FRAUEN

AF549506

punctum • 26

Abhandlungen aus Kunst & Kultur

Christiane Wyrwa

LITERARISCHE UTOPIEN VON FRAUEN VOM 15. BIS 20. JAHRHUNDERT

mit der vollständigen Erzählung „Sultanas Traum“
von Rokeya Sakhawat Hossain

und einer Doppelcoda von
Katrin Girgensohn und Dagmar Knöpfel

scaneg · München

Umschlagabbildungen:
vorne: Jacques Nicolas Tardieu (1716–1791), schreibende Frau
Musée Carnavalet, Paris (G.21321)
hinten: Cinéma Utopia, Bordeaux

© 2021 by scaneg Verlag, München

Alle Rechte vorbehalten – all rights reserved
Herstellung: Memminger MedienCentrum
ISBN 978-3-89235-126-0

Einleitung

Der englische Humanist Thomas More erfand für seine 1516 publizierte Geschichte vom Lande Nirgendwo den Namen Utopia. Das zweiteilige, auf Latein geschriebene Werk wurde bald in so viele Sprachen übersetzt, dass der Begriff der Utopie als Vorstellung einer nicht verwirklichten, aber denkmöglichen guten Gesellschaft der Menschen seit langem in der ganzen Welt vertraut ist. Ideale Staaten sind zwar immer noch nicht entstanden, aber die Wunschträume in den Büchern, wie das gute Leben für alle aussehen könnte, füllen seit Jahrhunderten große Bibliotheken. Die Forschung zu diesem Thema weist für ein grundlegendes Verständnis des Begriffs darauf hin, dass die Menschen schon lange vor der Erfindung von Utopia ideale Zustände ausgedacht und auch aufgeschrieben haben, und die bedeutendsten Beispiele sind bis heute nicht vergessen. Dazu gehört die Bibel, im Alten Testament beginnt die Geschichte der Menschheit im Paradies, im Neuen Testament verheißt die Johannes-Offenbarung das künftige Millennium, und das Wort bezeichnet später ideale Zustände in der Politik. In der Antike stellen sich die Griechen das Elysium vor, den paradiesischen Ort des Fortlebens von Helden und Gerechten, der heute im Haus des französischen Staatspräsidenten anklingt. Bei den Philosophen definiert Platon in seiner grundlegenden Schrift vom „Staat" eine gute und gerechte Ordnung der Gesellschaft von Männern und Frauen, und Aristoteles fordert zum Abschluss seiner „Politik", dass der Wunschstaat in allen Institutionen so eingerichtet sein muss, dass jeder einzelne glücklich leben kann. Bei den römischen Dichtern Vergil und Ovid lebt das mythische Goldene Zeitalter als erinnerte oder erhoffte Epoche der Erfüllung, und das glückselige Hirtenland Arkadien wird noch nach Jahrhunderten in der Dichtung gefeiert. Als später die Stadt Rom von den Goten geplündert wird, beschreibt der Kirchenvater Augustinus in seiner Schrift vom „Gottesstaat", wie im Gegensatz zum Heidentum die christlichen Menschen nun klare Gebote empfangen haben, die sie anleiten, wie man ein gottgefälliges Leben führt. All diese verschiedenen Quellen aus der weltbekannten Tradition der Religion, Philosophie und Dichtung wurden von Männern geschrieben, und nach Augustinus dauert es noch ganze tausend Jahre – sozusagen ein Millennium – dann wird in Paris im späten Mittelalter die erste Schrift über einen „Wunschraum" von einer Frau verfasst, und damit wird die Darstellung der Utopien weiblicher Verfasserinnen eröffnet. Im Anschluss werden vom Herbst des Mittelalters bis in die Nähe der Gegenwart in weitgehend chronologischer Ordnung literarische Texte von Frauen aus verschiedenen Ländern präsentiert, die ihre Vorstellungen möglicher Formen der menschlichen Gesellschaft beschreiben. Vollständigkeit ist bei dieser Auswahl nicht angestrebt, und der Schwerpunkt der Darstellung soll weder auf der Analyse des Konzepts der Utopie liegen noch auf einem vergleichenden Bezug zu den berühmten Utopien männlicher Schriftsteller. Die Autorinnen werden kurz vorgestellt und zum Kennenlernen der großen Vielfalt werden gelegentlich nur Ausschnitte oder Kapitel, häufiger aber ganze Bücher inhaltlich zusammengefasst. Manche der entworfenen Wunschräume und Wunschzeiten präsentieren komplett phantastische, manche realisierbare Bedingungen einer humanen Gesellschaft, gelegentlich erscheinen bedrohliche Horrorvisionen. Positive Utopien werden auch als Eutopien bezeichnet, negative als Dystopien. In den meisten Texten stehen Frauen im Zentrum, aus ihrem klugen Denken und machtvollen Handeln geht die in den Werken dargestellte Welt hervor, dabei spielen die im wirklichen Leben so mächtigen Männer häufig untergeordnete Rollen – und manchmal gibt es auch gar keine.

INHALTSVERZEICHNIS

Christine de Pizan (1364 – ca. 1430)

Le Livre de la Cité des Dames 1405
Das Buch von der Stadt der Frauen 1986/1990

Christine de Pizan wurde in Venedig geboren und ihre Familie zog bald nach Paris, wo ihr Vater als Arzt beim französischen König Karl V. beschäftigt war. Sie wuchs im kulturellen Umkreis des Königshofes auf, war hoch gebildet und konnte in Frankreich die Kenntnis der berühmten Dichter ihrer italienischen Heimat wie Dante und Petrarca vermitteln. Sie heiratete einen königlichen Notar, hatte drei Kinder, und erst nach dem frühen Tod ihres Mannes wurde sie zur Autorin. Zunächst arbeitete sie für den Lebensunterhalt der Familie als Schreiberin und wurde als Verlegerin aktiv. Bald begann sie selbst Gedichte, historische und politische Schriften zu verfassen, die sie bekannt machten, und 1405 verfasste sie ihr berühmtestes Werk.

Das Buch von der Stadt der Frauen hat drei Teile und der erste beginnt mit der Ich-Erzählerin Christine, die in ihrer Studierstube Bücher von Philosophen, Dichtern und Rednern liest, in denen Frauen so sehr beleidigt und verachtet werden, dass sie Gott anruft und klagt, nicht als Mann auf die Erde gekommen zu sein. Während sie noch weint, fällt plötzlich ein Lichtstrahl auf ihren Schoß und sie erblickt drei gekrönte edle Frauen, die vor ihr stehen. Es sind Allegorien, also leibhaftige Denkbilder, in denen die Tugenden der Vernunft, der Rechtschaffenheit und der Gerechtigkeit verkörpert sind. Die Vernunft spricht sie an und rät ihr, sich nicht um die gelesenen Bosheiten zu kümmern, als Trost verkündet sie, dass die drei gekommen sind, um mit ihr ein ganz besonderes Bauwerk zu errichten – die Stadt der Frauen. Nachdem sich auch die beiden anderen vorgestellt haben, gelobt Christine Gehorsam. Die Vernunft verkündet, dass nun auf dem fetten und fruchtbaren Boden der Literatur die Frauenstadt errichtet werden soll, und sie ruft Christine auf, die Spitzhacke ihres Verstandes zum Ausheben eines Grabens zu nutzen. Daran schließt sich ein sehr ausführlicher Dialog, in dem Christine in der Erde herumwühlt und immer wieder Fragen ausgräbt, warum so viele der berühmten Philosophen, Dichter und Redner sich so feindlich und herabwürdigend über die Frauen geäußert haben. Die Vernunft antwortet ihr, indem sie jedes Mal solche Diskriminierungen widerlegt und stattdessen Beispiele von edlen, starken und weisen Herrscherinnen anführt. Das entspricht dem Wegschaffen von Erde aus dem Graben und dem Aufbau von Grundsteinen für die Mauer der Stadt. Dabei beschreibt sie eine lange Liste von Frauen, historische und sagenhafte Königinnen wie Semiramis, auch die kampferprobten Amazonen sind dabei, Penthesilea, Zenobia von Palmyra und Artemisia, und edle Frauen von großer

Gelehrsamkeit, die Dichterin Sappho, Medea und antike Göttinnen wie Minerva und Ceres, auch handwerkliche Künstlerinnen werden vorgestellt wie die Weberin Arachne, und sie schließt mit den lebensklugen Frauen Dido, Ops, der Königin von Kreta und Lavinia, der Frau des Rom-Gründers Aeneas. Mit diesen vorbildlichen „Exempla" sind die Mauern errichtet „und auch schon mit Farbe verputzt." Frau Vernunft verweist am Ende des ersten Teils auf ihre Schwestern, mit deren Hilfe der Bau der Stadt vollendet werden soll.

Der zweite Teil beginnt mit Frau Rechtschaffenheit, mit deren Hilfe das Innere der Stadt konstruiert, errichtet und bevölkert wird. Die Bausteine liefert sie mit ihrem Bericht von den allerehrwürdigsten Frauen, der mit den Sibyllen einsetzt, deren Beruf es war, den Menschen in ihren Weissagungen große Ereignisse zu künden. Es folgen Prophetinnen und berühmte Herrscherinnen, und als die Dialogpartnerin Christine fragt, warum die Geburt von Söhnen höher angesehen wird als die von Töchtern, hört sie zur Widerlegung solcher Dummheit Beispiele von tapferen und edelmütigen Töchtern. Frau Rechtschaffenheit ruft noch einmal auf, die Stadt mit klugen Frauen zu bevölkern, die ein großes Ansehen genießen, und auf Christines Fragen nach dem schlechten Ruf der Frauen bringt sie Material zum Gegenbeweis durch Beispiele von vorbildlich treuen Ehefrauen, die Herrscher und Philosophen der Antike begleiteten. Auch die Keuschheit, Verschwiegenheit und Hochherzigkeit berühmter Frauen kann sie durch ihre Erzählungen belegen, und dass die Bildung der Frauen verwerflich sei, dafür haben sich ihrer Meinung nach nur dumme Männer ausgesprochen. Bei ihren Beispielen für die Beständigkeit und Weisheit von Frauen verweist Frau Rechtschaffenheit auf eine Geschichte von zwei Männern, die Boccaccio im „Decameron" beschrieben hat. Darauf nennt sie für die Treue der Frauen die Beispiele von Dido und Medea sowie weitere Bezüge zu Geschichten, die bei Ovid und Boccaccio überliefert sind. Auf die abschließende Frage Christines, ob auch in der Gegenwart lebende Frauen in die Stadt aufgenommen werden sollten, erhält sie eine zustimmende Antwort durch ein Lob der Fürstinnen und ersten Damen Frankreichs, so dass die Stadt jetzt mit Palästen, Wohnhäusern und breiten Straßen ausgestattet ist und sie ihre Schwester Gerechtigkeit aufruft, die Dinge zum Abschluss zu bringen.

Zu Beginn des dritten Teils wird die Himmelskönigin Maria von der Gerechtigkeit angerufen, in der Stadt unter der Gesellschaft der Frauen zu leben, und die Heilige Jungfrau willigt ein, als Haupt des weiblichen Geschlechts dort zu wohnen und zu weilen. Es folgen die Geschichten von Maria Magdalena, von der Heiligen Katharina, die eine Disputation gegen 50 Philosophen gewonnen hat, den Heiligen Margarete und Lucia sowie von weiteren gesegneten Jungfrauen, die unter schrecklichen Qualen den Märtyrertod erlitten. Besonders ausführlich wird die Namenspatronin behandelt, die heilige Jungfrau Christine aus Tyrus, die ihr Vater zwingen will, die Götzenbilder anzubeten, obwohl ihr Herz Jesus Christus gehört. Sie wird in Ketten gelegt und aufs Rad geflochten, in ein finsteres Loch geworfen, wo sie von drei Engeln genährt und getröstet wird, von weiteren Richtern ins Feuer gestoßen, ihr werden die Brüste ausgerissen und die Zunge abgeschnitten, aber sie geht glorreich ein ins Himmelreich und ihr heiliges Leben gibt ein Vorbild für alle Frauen. Es folgen noch Beispiele von seligen Jungfrauen wie Euphrosina, Anastasia und Theodora, bis die Frau Gerechtigkeit erklärt, sie habe nun die Zinnen vollendet und die Stadt mit außergewöhnlichen Frauen bevölkert. Das Buch endet mit einer Ansprache von Christine, in der sie die Frauen aller Stände, ob sie Ehefrauen, Jungfrauen oder Witwen sind, zur Demut und Geduld aufruft und sie bittet, tugendhaft zu leben und sich in Heiterkeit und Rechtschaffenheit zu üben. Sie empfiehlt sich mit einem Gebet um Gottes Gnade.

Ihr Buch von der Stadt der Frauen wurde bald abgeschrieben, mit Illustrationen versehen, und viele Herrscherinnen besaßen neben einer Kopie sogar Wandteppiche mit Motiven aus diesem Text, der den Beginn einer langen Debatte in der französischen Literatur über die Stellung und die Rechte der Frauen markiert. Christine hatte schon vorher streitbare Briefe gegen die frauenfeindlichen Aussagen im zweiten Teil des berühmten mittelalterlichen Rosenromans verfasst, aber in ihrem dreiteiligen Buch geht sie über die rein gedankliche Form von Argumenten hinaus und errichtet aus den Beispielen von klugen und mächtigen Frauen einen literarischen Wunschraum. Wie in den Abhandlungen gelehrter Männer zieht sie die Meinung von Autoritäten aus Religion und Philosophie heran und kann dadurch alle Verleumdungen über die Verderbtheit der Frauen widerlegen. Bei ihren Quellen greift sie neben Boccaccios „Decameron" auch auf seine knapp 50 Jahre vor ihrem Roman entstandene Sammlung von Lebensgeschichten berühmter Frauen „de claris mulieribus" zurück. Aber sie transformiert die Gestalten aller vorbildlichen Frauen der Überlieferung und schafft aus ihnen die Bausteine der imaginären Stadt, der von den drei allegorischen Tugenden sogar schon Mauern, Gebäude und Straßen zugeschrieben werden. Die Regeln für das gesellschaftliche Zusammenleben, wie sie in späteren utopischen Texten auftreten, ergeben sich nur aus den Berichten über das Verhalten der beispielhaften Frauen. Dafür wird die zeitliche Dimension der Wirkung des Wunschraums angesprochen, denn in ihrer Abschiedsrede spricht Christine zu den Frauen der Vergangenheit, Gegenwart und Zukunft, ihnen allen soll die neue und vollkommene Stadt zum Zufluchtsort und zum Hort gegen Feinde und Angreifer dienen.

Christine de Pizan
Le Livre de la Cité des Dames (Paris 1405)
Das Buch von der Stadt der Frauen (München 1990),
übersetzt und herausgegeben von Margarete Zimmermann

Es vergehen noch lange Zeiten, in denen nur Männer als Verfasser literarischer Werke überliefert sind, und nach der Utopia des Thomas Morus dauert es noch einmal mehr als hundert Jahre, bis dann im 17. Jahrhundert auch Frauen ihre Wunschvorstellung einer besseren neuen Welt in einem Buch veröffentlichen. Vor dem Hintergrund der religiösen und politischen Machtkämpfe, die England nach dem Tod der großen Königin Elizabeth jahrzehntelang beherrschen, sind sowohl auf Seiten der gegen den König und seine Staatsreligion aufbegehrenden Puritaner als auch bei den treu ergebenen Royalisten literarische Stimmen von Frauen zu vernehmen. Anne Bradstreet (1612–1672) reiste 1630 mit ihrer puritanischen Familie auf der Flotte „Arbella" in die Massachusetts Bay Colony, die der erste Gouverneur Winthrop als utopische Gegenwelt zum alten England ansah. In den Worten seiner Predigt an die Siedler: "We shall be as a city upon a hill, the eyes of all people are upon us" schuf er ein über die Jahrhunderte so wirksames Bild der Hoffnung, dass es noch Präsident Kennedy in seiner Antrittsrede zitiert. Anne Bradstreet entwickelte sich zur ersten amerikanischen Dichterin, und die Publikation von dreizehn ihrer hochgelehrten Gedichte verlieh 1650 ihrem Buch den Titel „The Tenth Muse Lately Sprung Up in America". Darin sprechen in „A Dialogue between Old England and New" die Stimmen von England als Mutter und Neu-England als Tochter über die politischen Auseinandersetzungen. Die Tochter blickt auf die schrecklichen Zeiten zurück und tröstet in ihren Versen das alte England mit der Aussicht, dass Wahrheit und Gerechtigkeit zurückkehren werden, wenn der Kampf gegen die falschen Mächte in Kirche und Staat gewonnen sein wird. Sie verspricht der Mutter utopische Tage von Glück und Frieden nach den erbarmungslosen Kämpfen, aber darüber, wie die Welt in ihrem Neu-England geordnet sein soll, sagt sie nichts.

Zur gleichen Zeit sieht im wirklichen England die hochadlige Herzogin von Newcastle die politischen Verhältnisse ganz anders. An der königlichen Herrschaft, deren Zerstörung sie als junge Hofdame in die Flucht auf den Kontinent getrieben hat, soll sich gar nichts ändern. Ihr Wissensdurst und ihre Interessen haben sich vom Streit der religiösen Konfessionen zu den experimentellen Wissenschaften gewendet, denen sie mehrere Bücher widmet. Berühmt geblieben ist aber der Anhang eines wissenschaftlichen Werkes, in dem sie ihre Heldin in eine utopische Phantasiewelt reisen lässt, in der imaginäre Lebewesen ihr eine neue Weltordnung vermitteln.

Margaret Cavendish, Duchess of Newcastle (1623–1673)

The Description of a New World Called the Blazing World 1666
Die Gleißende Welt 2001

Margaret Cavendish, Herzogin von Newcastle, gehört zu den außergewöhnlichsten Autorinnen der an Exzentrikern nicht eben armen englischen Literatur. Ihr Leben von 1623 bis 1673 war ganz vom englischen Bürgerkrieg bestimmt. Mit der Familie des Stuart-Königs Charles I ging die junge Hofdame Margaret Lucas zur Cromwell-Zeit ins Exil nach Frankreich, wo sie auf William Cavendish traf, Oberbefehlshaber der königlichen Armee im Norden, Erzieher des Kronprinzen und bedeutender Mäzen. Sie heiratete den 30 Jahre älteren Witwer und begegnete in seinem Haus Gelehrten wie Descartes und Hobbes. Bei der bildungshungrigen Margaret erwachten umfangreiche Interessen, sie begann sich mit Naturwissenschaften und Literatur zu beschäftigen. Nach der Heimkehr aus dem Exil wurde sie in London als Gattin des 1. Herzogs von Newcastle eine vielkommentierte Gestalt der Gesellschaft, sie wurde sogar von Augenzeugen beschrieben. Der bekannte Tagebuchautor Samuel Pepys (1633-1703) hat sie zweimal gesehen. Am 26. April 1667 berichtet er: „Traf Lady Newcastle mit ihren Kutschern und Dienern ganz in Samt: sie, die ich noch nie gesehen habe, war genauso wie ich es oft gehört habe, die ganze Stadt spricht nämlich von ihrem Luxus, mit ihrer Samthaube, Haare über die Ohren; viele schwarze Pflästerchen wegen der Pickel am Mund, mit nacktem Hals ohne irgendetwas darüber und in einem schwarzen Herrenrock. Sie schien mir eine sehr hübsche Frau zu sein: ich hoffe, am Maifeiertag mehr von ihr zu sehen." An diesem Tag sollte nämlich im Arundel House die Sitzung der „Royal Society of London for the Improving of Natural Knowledge" stattfinden, wie die erst vor kurzem gegründete, vom König geförderte und bald berühmt gewordene wissenschaftliche Institution hieß, bei der die Herzogin auf eigenen Wunsch zu einem Vortrag eingeladen war. Viele Mitglieder hatten erst nach langen Debatten der Einladung einer Frau in diesen Männerklub zugestimmt. Über den Eintritt der Herzogin schreibt Pepys: „Sie ist eine gute, hübsche Frau, aber ihre Kleidung ist so närrisch und ihre Haltung so alltäglich, dass sie mir überhaupt nicht gefällt, und sie sagte auch nichts Hörenswertes, sondern sie war voller Bewunderung, fand nur alles wunderbar." Am 18. März 1668 las Samuel Pepys dann die gerade erschienene Lebensgeschichte des Herzogs von Newcastle, verfasst von seiner ergebenen Ehefrau, und er fand in seinen Aufzeichnungen, dieses Buch zeige, dass die Autorin eine verrückte, eingebildete, lächerliche Frau sei. Aber schon vor dieser Lobeshymne auf ihren Ehegatten hatte sie als Schriftstellerin mehrere Bücher publiziert. Wie Virginia Woolf im 4. Kapitel von „A Room of One's Own" berichtet, schrieb Margaret Cavendish ganze „Sturzfluten von Reimversen und Prosa". Gegen alle damalige Gewohnheit hatte sie ihre Bücher unter ihrem weiblichen Namen publiziert, und neben den Auftritten in ausgefallener Kleidung brachte ihr das den Ruf als „Verrückte Herzogin" ein. Sie publizierte 1666 Beobachtungen über die Experimental-Philosophie „Observations upon Experimental Philosophy", denen im Anhang dann die Phantasierzählung „The Description of a New World Called the Blazing World" folgte. Mehr als alle Traktate und Dramen hat diese literarische Verbindung von Utopie und voyage imaginaire den Namen der Autorin für heutige Leser bewahrt.

Die seit antiken Mustern bekannte Gestalt des Reisenden in imaginäre Welten ist hier eine Frau, die nicht nur zur Kaiserin eines Staates aufsteigt, sondern auch die naturwissenschaftliche Forschung beherrscht. Die Geschichte beginnt mit einer jungen Dame, sie wird geraubt und auf ein Schiff verschleppt, doch der Entführer stirbt, das Schiff gleitet über den Pol in die Gleißende Welt. Dort wird die Dame von den sehr seltsamen Bewohnern freundlich empfangen, Bärenmenschen, bunte Fuchs- und Vogelmenschen geleiten sie zum Kaiser, der sie sofort zu seiner Ehefrau macht und ihr alle Herrschergewalt verleiht. Mit ihren neuen Untertanen gründet sie naturwissenschaftliche Gesellschaften, die Bären-Menschen sind ihre Experimental-Philosophen, die Fuchs-Menschen Politiker, Papageien-Menschen sind Redner, während sich die „gewöhnlichen" Menschen dadurch auszeichnen, dass einige himmelblau, einige tiefpurpurn und andere wiederum grasgrün sind. Die kundigen Vogel-, Fisch-, Affen- und Wurmmänner beginnen gleich, ihrer neuen Kaiserin die Geheimnisse der Naturerscheinungen von Luft und Feuer, Sonne und Mond bis zum Stein der Weisen zu erklären. Bei Bedarf lassen sich für schwierige Fragen sogar stofflose Geister aus der Luft zum Rapport anfordern. Die Kaiserin beschließt, die Bewohner zu ihrer heimischen Religion zu bekehren und bildet Gemeinden für die Frauen, „die allgemein eine rasche Auffassungsgabe, scharfsinnige Vorstellungen, einen klaren Verstand und ein solides Urteilsvermögen" besitzen. Sie weiß, dass man den Glauben durch sanfte Überredung einflößen muss, und sie ermuntert alle bei ihren Pflichten und Tätigkeiten.

Als sie Kirche und Staat der Gleißenden Welt wohlgeordnet und beständig findet, lädt die Kaiserin stofflose Geister ein, die sie über die Erschaffung der Welt, den Himmel, die Planeten und das Paradies informieren sollen. Sie bittet die Geister um Beistand, um eine Kabbala zu verfassen, eine Schrift, in der sie all ihre gewonnenen Erkenntnisse festhalten will, aber sie lehnen ab und raten ihr stattdessen, als Schreiberin die Herzogin von Newcastle aufzunehmen. So bringt sich die Autorin auf raffinierte Weise selbst in ihre Geschichte ein, die Damen werden Freundinnen und finden dank logischer Beweise heraus, dass eine vorgestellte Welt mehr Freiheit birgt als die Eroberung bestehender Reiche. Die beiden weiblichen Seelen reisen zunächst so leicht wie zwei Gedanken in die heimatliche Welt der Herzogin und verfolgen einen Streit zwischen dem Herzog und Fortuna. Schließlich kehrt die Kaiserin in die Gleißende Welt zurück, aber sie beschließt, ihre gelehrten Gesellschaften aufzulösen, weil sie zu viele Auseinandersetzungen hervorbringen: „irgendjemand glaubt immer, mehr zu wissen und weiser zu sein als die anderen.“ Doch mit der Herzogin, die sich als wahre Freundin erwiesen hat, wird sie immer verbunden bleiben.

Im zweiten Teil des Textes erfährt die Kaiserin, dass es einen Krieg im Land ihrer Herkunft gibt, und sie beschließt, gemeinsam mit der Seele der befreundeten Herzogin eine Flotte auszurüsten und gegen die Feinde zu kämpfen. Diese Unterseeflotte setzt mit Feuersteinen erbarmungslos die Schiffe der Feinde in Brand, die schlauen Vogel- und Wurmmänner helfen, den Sieg des Fürsten und Herrschers ihres Heimatlandes zu sichern. Die Damen segeln wieder in die Gleißende Welt, der Kaiser empfängt sie beglückt, zeigt ihnen seine Dressurpferde und lässt sich von der Herzogin beraten, wie man ein Theater einrichtet, bevor diese in ihr Heimatland entschwindet. Mit einer Beschreibung der Lustbarkeiten, die Kaiser und Kaiserin in ihrer Gleißenden Welt genießen, klingt die Geschichte aus.

Einerseits wird hier das Bild einer utopischen Gesellschaft entworfen, in der die Verschiedenheit der Geschöpfe mit all ihren Farben und Formen nicht wie erwartet Abwehr und Entsetzen auslöst, sondern eine durchaus harmonische und ungemein schöpferische Vielfalt hervorbringt. Andererseits unterstützen die Kaiserin und ihre hilfreiche Herzogin ganz entschieden die absolute Monarchie eines männlichen Herrschers. Die Autorin sagt dazu: „Obwohl ich meine Gleißende Welt als eine friedliche Welt erschaffen habe, indem ich ihr nur eine Religion, eine Sprache und eine Regierung gestattete, hätte ich doch auch eine andere Welt schaffen können, die ebenso voller Zwietracht, Zerwürfnisse und Kriege wäre wie diese reich an Frieden und Ruhe ist.“ Es bleibt also nur im Wunschraum der Gleißenden Welt möglich, dass sich utopische Vorstellungen von einer ebenso wissensdurstigen wie menschenfreundlichen Gesellschaft entfalten können. Sobald die reale Herkunftswelt der erfundenen Kaiserin und der wirklichen Herzogin in den Blick kommt, herrscht der gnadenlose Kampf um die Macht, der das Leben der Autorin im 17. Jahrhundert bestimmt hat.

Margaret Cavendish, Duchess of Newcastle
The Description of a New World Called the Blazing World
(Harmondsworth 1992)
Die Gleißende Welt (München 2001/2020),
übersetzt und herausgegeben von Virginia Richter

In der Welt der kommenden Aufklärung, als dann bereits Berichte von Reisenden wie Robinson Crusoe (1719) und Lemuel Gulliver (1726) die literarische Welt erreicht hatten, publizierte eine französische Autorin ein Buch mit fiktiven Briefen einer Frau aus der neu eroberten Welt, die der Lebensweise von Männern und Frauen in der als Kulturmetropole berühmten Stadt Paris einen kritischen Spiegel vorhalten.

Françoise de Grafigny (1695–1758)

Lettres d'une Péruvienne 1747
Briefe einer Peruanerin 2020

Françoise de Grafigny wurde 1695 in Nancy geboren, mit siebzehn Jahren wurde sie verheiratet, ihr Ehemann war Kammerherr des Herzogs von Lothringen. Er war brutal und schlug seine Frau so, dass sie die Scheidung durchsetzte. Erst nach dem Tod des Mannes 1725 war sie wieder in einem ehrbaren Stand und konnte als Witwe später nach Paris ziehen. Sie wurde dort zur Hofdame, verkehrte mit Intellektuellen und gründete einen Literaturzirkel. Ihre 1747 anonym veröffentlichten „Briefe einer Peruanerin" machten sie in kürzester Zeit berühmt, das Buch wurde mehrmals nachgedruckt und übersetzt.

Die bekannte Situation einer Utopie, dass ein Reisender über Erlebnisse in einem fernen Land berichtet, erscheint hier umgekehrt, denn die Schreiberin aus der fremden Welt wird in die Kulturmetropole Paris gebracht. Am Tag ihrer Hochzeit mit einem Prinzen wurde Zilia aus dem peruanischen Reich der Inka von den spanischen Eroberern aus dem Sonnentempel geraubt. Zuerst wurde sie nach Spanien entführt, dort von Franzosen gekapert und nach Paris verschleppt, wo sie an ihren geliebten Prinzen Aza schreibt, über dessen gegenwärtige Situation sie nichts weiß. Ihre ersten Briefe verfasst sie in peruanischer Knüpftechnik, und erst als Zilia langsam die Sprache ihrer neuen Welt lernt, hat sie die Briefe übersetzt und ihrem Beschützer, dem Chevalier Déterville gegeben.

In den ersten zehn der 41 Briefe an Aza berichtet ihm Zilia unter steten Beteuerungen ihrer Liebe, wie sie nach Frankreich gelangt ist und wie schwer es ist, die neuen Lebensformen zu verstehen. Im 12. Brief reist sie in einem „fahrenden Häuschen" – einer Kutsche –, aus der sie herausschauen kann, um die Schönheit von Himmel und Erde zu bewundern, besonders den Zauber der Wälder. Ab dem 13. Brief ist sie in Paris angekommen und lebt bei der Familie des Chevalier Déterville, ab dem 16. lernt sie in der neuen Sprache lesen und schreiben, besucht ein Theater und versteht langsam die Regeln der neuen Gesellschaft. Im 20. Brief vergleicht sie die Regierung Frankreichs mit den ihr bekannten Bräuchen; das Inka-Reich erscheint ihr als gelungene utopische Ordnung, weil der Herrscher verpflichtet ist, für sein Volk zu sorgen, während in Europa die Herrscher ihren Unterhalt aus der Arbeit der Untertanen beziehen. Das Land, das die Natur doch allen Menschen zugedacht hat, muss mit Gold erworben werden, das aber nicht allen gegeben ist. Unbefriedigte Bedürfnisse führen zu Verbrechen, und über die Armen wird verächtlich geredet. Im nächsten Brief wird die Religion zum Thema, und ein Geistlicher spricht abfällig vom peruanischen Sonnenkult. In den folgenden Briefen steht das Leben der Familie im

Vordergrund, der Chevalier liebt Zilia, er hat für sie eine Kiste mit wertvollem Schmuck aus ihrer Heimat gerettet, aber sie bleibt ihrem Aza verbunden. Der 29. Brief eröffnet neue Kritik an der hemmungslosen Lust der Franzosen an allem Überflüssigen, an ihrer Eitelkeit, unbedingt reich erscheinen zu wollen. Bei den weisen Inkas billigen die Gesetze jedem Stand das Nötige zu, bei ihnen gibt es Ehrenhaftigkeit in der Seele und Menschlichkeit im Herzen, doch bei den Franzosen herrscht keine Redlichkeit, nur übertriebene Schmeichelei und Unaufrichtigkeit. Ab dem 33. Brief geht es um die Einschätzung der Frauen, die von den Männern nur vorgetäuschten Respekt empfangen, aber nicht wirklich geachtet werden. Das beginnt schon bei der Erziehung, in der die Frauen keine Selbstachtung lernen, sondern geziertes Verhalten und die äußere Erscheinung als wichtigste Ziele betrachten. Sie werden sehr früh verheiratet, und für die Ehemänner sind sie nur zur Zierde und zur Unterhaltung geeignet. Die Herrschaft liegt ganz bei den Männern, sie können Frauen beim geringsten Anzeichen von Untreue streng bestrafen, während der Mann sich schamlos jede Art von Untreue erlaubt. Im 35. Brief berichtet Zilia, dass der Chevalier und seine Schwester ihr ein Landhaus als Eigentum gekauft haben, in dem sie nun auf ihren Prinzen warten will. Doch in den folgenden Briefen wird klar, dass sie vergeblich hofft, denn Aza ist nach Spanien gebracht worden, wurde zum Katholizismus bekehrt, er wird eine Spanierin heiraten und mit ihr dort bleiben. Damit sind Zilias Lebenspläne völlig zerstört, sie wird zunächst krank und nach ihrer Genesung beschließt sie, ihr Leben in Einsamkeit zu führen. Sie fühlt sich nicht von ihrem Schwur an den untreuen Prinzen entbunden, aber sie findet zum Vergnügen zu leben zurück – diesem so süßen Gedanken. Zum Schluss bietet sie dem Chevalier eine reine Freundschaft an, in der er mit ihr Kunst und Wissenschaft teilen, die Geheimnisse der Natur erforschen und dabei alles finden wird, was ihn für die Liebe entschädigt.

Die Briefschreiberin Zilia verkörpert eine Figur der „edlen Wilden“ mit Wertvorstellungen einer gerechten Gesellschaft, die der Kritik an den Zuständen der „Kulturnation“ Frankreich ein scharfes negatives Profil verleihen. Staatliche Herrschaft und Formen der Wirtschaft führen zu Ausbeutung und Armut, und die verursacht Verbrechen und Leid. Besonders deutlich wird mehrmals die Position der Frauen hervorgehoben, gegen das Erlernen der Selbstachtung bei den Inkas stehen die in Paris erfahrene Unaufrichtigkeit und Eitelkeit. Doch auch in der so scharf kritisierten Bevölkerung gibt es Menschlichkeit, der Chevalier Déterville und seine Schwester sind die guten Beispiele, und die in ihrem Umkreis vermittelte Bildung mit Lesen, Schreiben, Büchern und Kunst eröffnet der Peruanerin den Weg zur Lebensfreude.

Françoise de Grafigny
Lettres d'une Péruvienne (Bari 1967)
Briefe einer Peruanerin (Zürich 2020),
übersetzt und herausgegeben von Renate Kroll

In den literarischen Veröffentlichungen der europäischen Länder präsentieren sich zunehmend Gedanken und Anregungen einer politisch wirksamen Aufklärung. Nur wenig später als das französische Beispiel erscheint dann zur Zeit des „Enlightenment" in England ein umfangreicher Roman mit zeitgenössischen realistischen Details, der deutlich sein Licht auf eine wünschenswerte Gesellschaftsordnung für alle wirft. Das Buch wurde von einer Frau geschrieben, die sich aber, wie es damals üblich war, bei der Publikation hinter einer männlichen Figur als Autor versteckt.

Sarah Scott (1723–1795)

A Description of Millenium Hall 1762

Sarah Scott stammte aus einer Familie von wohlhabenden Landbesitzern in Kent und wohnte nach einer früh gescheiterten Ehe zurückgezogen in Bath. Über ihre Schwester Elizabeth Montagu war sie mit der Gruppe der „Bluestockings“ verbunden, die kulturell einflussreiche Frauen in London ins Leben gerufen hatten, bevor sich diese Bewegung später nach Europa ausbreitete und in Deutschland die „Blaustrümpfe“ noch lange bewundert oder beschimpft wurden. Sarah Scott hatte Samuel Richardsons Romane aus den 1740er Jahren „Pamela“ und „Clarissa“ gelesen, die Frauen als Titelheldin in die Literatur einführten. Sie schrieb selbst historische Romane, die sie aber anonym veröffentlichte. 1762 erschien ihre Utopie „Millenium Hall“ als Roman, der einen namenlosen reisenden Herrn von Stande „A Gentleman on his Travels“ als Autor nennt. Auf der Titelseite des Erstdrucks beim Londoner Verleger J. Newberry ist zu lesen, was sich übersetzt so wiedergeben lässt: „Eine Beschreibung von Millenium Hall und dem umliegenden Land, zusammen mit dem Charakter der Einwohner und solchen historischen Anekdoten und Überlegungen, die im Leser angemessene Gefühle der Humanität erwecken sollen und das Gemüt zur Liebe der Tugend führen.“

Das Buch „Millenium Hall” wird von einem männlichen Erzähler eröffnet. Der edle Herr mit einem jugendlichen Begleiter wird vom gebrochenen Rad ihrer Kutsche zum Aufenthalt auf einem paradiesischen Anwesen mit großem Landhaus genötigt, dessen gesellschaftliche Einrichtungen ihn so überzeugen, dass er dafür die Bezeichnung Millenium Hall prägt. Der Begriff verweist auf die Offenbarung des Johannes im Neuen Testament, die im 20. Kapitel das tausendjährige Reich vor dem Neuen Jerusalem verkündet. Das Millenium wird meist christlich als Hinweis auf den Anbruch paradiesischer Zeit gedeutet, in England zur Zeit des Bürgerkriegs wurde es von radikalen Republikanern aber auch politisch verwendet. In Sarah Scotts Buch wird damit eine gesellschaftliche Ordnung bezeichnet, die sich dem Erzähler als Utopie einer idealen mitmenschlichen Gemeinschaft präsentiert. Fünf weibliche Eigentümerinnen haben die Gebäude und das umliegende Land mit fruchtbaren Gärten und Feldern mit ihrem Geld erworben und so gestaltet, dass es den zahlreichen Bewohnern an nichts fehlt. Die Frauen glauben fest an die göttliche Vorsehung, sie sind mildtätig, sorgen für den Unterhalt von vielen Armen und Elenden, denen sie auf ihren Ländereien schützende Häuser, medizinische Hilfe und materiellen Beistand zukommen lassen. Sogar körperlich Behinderte, die zu dieser Zeit vor den Blicken der Außenwelt in winzigen Kammern versteckt gehalten wurden, genießen hier ihr Naturrecht auf Luft und Sonne sowie angemessene Wohnung und Unterstützung. Neben solchen traditionell als „weiblich“ gekennzeichneten Tugenden beherrschen die Frauen aber auch Wirtschaft und exakte Kalkulation, sie sind sparsam und vermeiden alle unnötigen Ausgaben. Als besonders wichtigen Schwerpunkt pflegen sie mit allen Bewohnern sehr aktiv Kultur und Bildung, sie lesen natürlich die Bibel, aber auch literarische Werke, musizieren mit Instrumenten, singen zusammen und verachten das Kartenspiel.

Zwischen die Beschreibung des Erzählers, wie er und sein junger Begleiter die verschiedenen wohlgeordneten Haushaltungen auf dem Anwesen erleben, sind ausführliche Berichte der fünf Eigentümerinnen eingeschoben, die den beiden Besuchern von ihrem früheren Leben und den dort herrschenden Wertvorstellungen erzählen. So verschieden ihre Lebensläufe waren, immer erscheint ein scharfer Gegensatz zu den Verhältnissen, die sie verlassen haben. Sie berichten von Ehen, die aus reinen Finanzgründen arrangiert wurden, von sinnlos törichter Unterhaltung in edlen Gesellschaftskreisen, und sie beklagen vehement den Mangel an Bildung für Frauen. Besonders deutlich wird, dass in der realen Welt der Landbesitzer ihrer Zeit alle Machtpositionen dem männlichen Geschlecht vorbehalten sind. Da Männer aber mit ihrem unersättlichen Geltungsdrang und ihrer Gewinnsucht alle Bemühungen um Mitmenschlichkeit und die Verantwortung für den Nächsten verhindern, sind sie in der utopischen Gegenwelt von aller Machtausübung ausgeschlossen.

Der Besuch des Erzählers in einer von den Frauen eingerichteten Stoff-Manufaktur in Millenium Hall erweist sich als scharfer Kontrast zur Lage in der ihm bekannten Welt, der ihn zutiefst erschüttert und berührt. Gerade dieses Gewerbe, das in der englischen Wirklichkeit dieser Zeit auf brutaler Ausbeutung der Arbeitenden beruht, präsentiert hier im Wunschraum ein gerechtes weibliches Wirtschafts-Modell. Mehrere hundert Menschen, vom sechsjährigen Kind bis zum 80-jährigen Greis arbeiten in den verschiedenen Teilen der Manufaktur beim Spinnen, Weben und Färben des Kammgarns. Alle sind eifrig beschäftigt, sie singen und pfeifen vergnügt bei ihrer Tätigkeit, sie sehen fröhlich aus und ihre anständige Kleidung zeigt, dass sie keine Not leiden. Die Frauen haben das ganze System entworfen und durchdacht, sie verwalten auch das gesamte Kapital und ihre genaue Inspektion verhindert die Ausbeutung der Armen und den Betrug durch geizige Männer als Aufseher. Sie zahlen den Kindern und den Alten mehr als ihre Arbeit einbringt, als Ermutigung und Vergütung in diesem Lebensalter. Der Erzähler gesteht: „Ich war noch nie so bezaubert wie von diesem Blick auf eine wohlgeordnete Manufaktur, bei der niemand zu alt oder zu jung ist, um an der Vergütung beteiligt zu sein.“ Am Ende des Buches verspricht er dann voller Begeisterung, das System von Millenium Hall auch auf seinen eigenen Besitzungen einzuführen und seine Freunde dafür zu gewinnen.

Sarah Scott entwirft zwar keine Utopie im Sinne eines gesamten Staatswesens, aber ihr Wunschraum beschreibt anschaulich und überzeugend das Bild einer zutiefst humanen Gesellschaftsordnung, die aus der Handlungskraft und auch aus den Gefühlen starker Frauen hervorgeht. Wer wenige Jahrzehnte vor der Französischen Revolution ihr Buch liest, weiß, wie sehr weibliche Begabungen von der herrschenden Männerwelt zu dieser Zeit verkannt und missachtet werden. Deshalb verlegt die Autorin ihre ideale Gemeinschaft nicht in ferne Welten oder eine künftige Wunschzeit, sondern sie hält den bitteren Ungerechtigkeiten ihrer eigenen Gegenwart einen deutlich erkennbaren Spiegel vor.

Sarah Scott
A Description of Millenium Hall
(Peterborough, Ontario, Canada 1995)

Bei den Kämpfen nach der Französischen Revolution war es die Frau Charlotte Corday, die in Paris dem Morden der Männer durch ihren Mord am Jakobiner Marat ein Ende bereiten wollte. Nicht weit von der Grenze nach Frankreich entfernt publizierte eine weibliche Verfasserin bald nach diesem Geschehen einen utopischen Roman, in dem verschiedene Menschen, die vor den Grausamkeiten dieser Revolution flüchten mussten, einem Reisenden aus Schwaben berichten, wie sie in der Ferne eine neue und gerechte Gesellschaft jenseits des Atlantiks gegründet haben.

Sophie von La Roche (1730–1807)

Erscheinungen am See Oneida 1798

Sophie von La Roche ist in der deutschsprachigen Literatur berühmt für ihren Briefroman „Geschichte des Fräuleins von Sternheim“ von 1771, der damals besonders Aufsehen erregte, weil er eine Frau als Titelheldin hat. Als anerkannte Schriftstellerin und Herausgeberin der Kulturzeitschrift „Pomona“ stand sie in Verbindung mit bekannten Dichtern. Der Aufklärungsdichter Christoph Martin Wieland war ihr Cousin und Förderer. Ihre Tochter Maximiliane mit den schönen Augen wurde vom jungen Goethe angeschwärmt, und ihre Enkel sind die beiden berühmten Romantiker Clemens und Bettina Brentano, bei denen sie im Alter als Witwe lebte.

Ihr Roman „Erscheinungen am See Oneida“ wird in drei Bänden 1798 in Leipzig veröffentlicht. Auch diese Autorin entwirft einen Wunschraum in der eigenen Gegenwart. Der erste Band beginnt mit einem schwäbischen Ich-Erzähler, der seine Reise nach Nordamerika einer Freundin in ausführlichen Briefen beschreibt. Über Baltimore und Philadelphia reist er an den See Oneida, wo europäische „Colonisten“ eine neue Stadt errichten wollen. Bei deutschen und holländischen Siedlern lernt er ein junges Ehepaar aus dem Adel in Flandern kennen. Herr und Frau von Wattines sind in der Zeit der Gewalt, die auf die Französische Revolution folgt, nach der Ermordung ihrer Verwandten und dem Raub ihrer Besitzungen nach Nordamerika geflüchtet. Inzwischen nehmen sie an den Vorbereitungen der neuen Siedlung teil, aber sie haben vorher bereits vier Jahre einsam auf einer nahen Insel verbracht. Dort haben sie ein Haus gebaut, das auch ihre 300 geretteten Bücher der besten französischen Schriftsteller und der Enzyklopädie bewahrt, und auf einem Waldplatz haben sie Urnen und Tafeln als Gedenkstätten für die ermordeten Verwandten errichtet. „Geduld, Fleiß und Liebe“ bestimmten ihr Leben, sie achten die Bildung und christliche Werte. Die Bücher haben ihr Leben genau so gestützt wie die Geräte der Landwirtschaft. Bei dem Paar übernimmt die tugendhafte Frau zunächst die moralische Hauptrolle, weil sie ihren Mann lehrt, seine Hassgefühle wegen der an ihm begangenen Verbrechen aus der Vergangenheit zu überwinden.

Im zweiten Band erhält der Erzähler einen Rückblick auf die ersten vier Jahre der Familie Wattines in der Einsamkeit, in denen sie gemeinsam eine ideale Landwirtschaft aufbauen und Gärten anlegen. Damit sichern sie ihre Ernährung, aber sie planen auch schmückende Blumenbeete und Gedenksteine zur Erinnerung an die getöteten Verwandten mit ein. Sie lesen die Werke der Philosophen, des Wissenschaftlers Buffon und seiner Naturgeschichte und besonders Bernardin de St. Pierre, den damals berühmten Freund von Rousseau. Ihre menschliche Hochachtung gilt auch den in der Nähe lebenden Eingeborenen, den Indianern, zu deren Siedlung sie geschwommen sind. Dort haben die kundigen Frauen ihnen medizinische Hilfe bei der Geburt ihres ersten Kindes geleistet. Für das geflohene Paar macht die Natur keinen Unterschied zwischen Europäern und Indianern, in den Gefühlen und Bedürfnissen der Natur lebt die wahre einzige Gleichheit zwischen allen Menschen.

Im dritten Band berichtet der Erzähler, dass inzwischen noch weitere Colonisten an den See gekommen sind, und die Wattines inzwischen gemeinsam mit zwei Kindern in dieser Gemeinschaft leben. Dort kommen jedem gleiche Rechte und gleiche Pflichten zu, so dass die aus verschiedenen Gegenden Europas stammenden Menschen eine humane Gemeinschaft bilden werden. Sie erinnern auch daran, dass die Europäer bei ihrer ersten Ankunft in Amerika die dortigen Bewohner gequält und getötet hatten. Deswegen halten sie es für das wichtigste Ziel, den Hass zu überwinden, der von allen Bemühungen um Güte und Gerechtigkeit entfernt. Durch gemeinsame Tätigkeiten mit den nachfolgenden Siedlern, Hilfe für die neuen Nachbarn und stetigen Fleiß wächst am See Oneida langsam eine neue Gesellschaft heran. Alle arbeiten miteinander, gemeinsam bauen sie eine Schule und legen Grundregeln für die Erziehung ihrer Kinder fest. Ihre Wertvorstellungen sind von tiefer Gottesfurcht und entschiedener Hochachtung für die Bildung geprägt, und mit diesen Idealen gestalten sie eine mitmenschliche Gemeinschaft, die einen deutlichen Gegenpol zur Welt bildet, die sie verlassen haben. Mit dieser Erkenntnis reist der Erzähler wieder in seine Heimat.

Auch Sophie von La Roche entwirft kein Modell eines gesamten Staatswesens, sondern eine überschaubare menschliche Gemeinschaft, deren aufgeklärte Wertvorstellungen deutlich präsentiert werden. Für Männer und Frauen gilt als grundlegende Voraussetzung, dass man den Hass überwinden muss. Das zeigt sich am historischen Beispiel der Europäer in Amerika, aber auch an den jetzigen Siedlern, wenn der Adlige Wattines und der republikfreundliche Holländer Vandek trotz ihrer gegensätzlichen politischen Erfahrungen lernen, einander zu achten. Das feste Gottvertrauen der Siedler bildet die Basis ihrer Menschlichkeit, aus der Fleiß und Selbstbeherrschung hervorgehen. Dadurch werden Nächstenliebe und Fürsorge möglich, und als anregende Quelle all dieser Tugenden wirkt am stärksten die Bildung. In den gesammelten französischen Bänden der Enzyklopädie, den Werken von alten und zeitgenössischen Philosophen und auch bei den ausgiebig zitierten deutschen und englischen Dichtern ist der wirksame Schatz enthalten, auf dem die utopische Stadt am See Oneida beruht.

Sophie von La Roche
Erscheinungen am See Oneida (Berlin 2015)
herausgegeben von Michael Holzinger

In der Folgezeit des politischen und gesellschaftlichen Wandels nach der Französischen Revolution gestaltet in England eine junge Dichterin ihren Wunsch nach Freiheit und einer gleichberechtigten Beziehung zwischen Männern und Frauen sogar zum ersten mal als Thema ihrer noch ganz an klassischen Ausdrucksformen geschulten Verse.

Lucy Aikin (1781–1864)

Epistles on Women 1810

Die Engländerin Lucy Aikin wurde als Tochter eines schriftstellerisch tätigen Arztes geboren, und ihre Tante Anna Letitia Barbauld war eine bekannte Dichterin. Lucy lernte Französisch, Italienisch und Latein, und nach einer Sammlung von Gedichten für Kinder publizierte sie 1810 vier lange Versbriefe mit dem Titel: "Epistles on Women, Exemplifying their Character and Condition in Various Ages and Nations". Später schrieb sie sozialgeschichtliche Abhandlungen über den Hof von Königin Elizabeth (1818) und von König James I (1822) und weitere historische Werke, sie starb in London 1864.

Ihre paargereimten Versbriefe zeigen, wie wichtig historische Themen zu dieser Zeit für die Anerkennung von dichtenden Frauen waren. Deutlich dienen ihr die poetischen Vorbilder gesellschaftlich anerkannter Männer wie die moralphilosophischen Gedichte des berühmten Aufklärers Alexander Pope aus den 1730er Jahren als Modell für ihr Werk. Wie Pope bei seinen Texten „Essay on Man“ und den „Epistles to Several Persons“ nimmt sie die Vierzahl bei ihren Briefen auf, und vor den Beginn der Verse stellt sie auch bei jedem Teil eine kurze Zusammenfassung des Gedankengangs in Prosa. Der erste Teil beklagt, dass der Ruhm des Mannes dauerhaft seit der Antike die Rolle der Frauen auf vergängliche Jugendschönheit reduziert, der zweite beschreibt die Unterwerfung der Frauen bei den Ur-Einwohnern von Amerika, der dritte ruft zum Widerstand auf, weil schon lange Zeit in der Geschichte die Frauen unterdrückt wurden. Der vierte Teil, dessen Abschluss hier betrachtet wird, dringt nach einem Rückblick auf die Vergangenheit zu einem überraschenden Zukunftsausblick vor. Den Männern wird am Ende ein Aufruf in den Mund gelegt, der den utopischen Wunsch enthält, die gebildeten Frauen endlich als Voraussetzung einer idealen Gesellschaft als gleichgestellt zu achten.

Im „Argument“ – also der kurzen gedanklichen Zusammenfassung vor dem vierten Versbrief – werden die Männer aufgerufen, die zunehmende Bildung der Frauen zu achten, und die Frauen sollen aufgrund ihrer wachsenden geistigen Stärke die Männer veranlassen, sie als Freunde wahrzunehmen. In den abschließenden Versen wird den klugen Frauen dann zuerst geraten, ihre natürliche Rolle würdevoll anzunehmen, einerseits sollen sie die Freuden des sicheren Hauses genießen und vor allem die Liebkosungen beim Umarmen der Kinder – aber zu ihrem Segen steht ihnen auch der weite Garten des künstlerischen Geschmacks offen. Dort können sie vom Baum der Hesperiden pflükken – der ist mit seinen goldenen Äpfeln in der griechischen Mythologie das Hochzeitsgeschenk der Göttin Hera – und sie dürfen ganz ungehindert einen Kranz von jeder schönen Muse annehmen. Ihnen wird empfohlen, sich durch

intensive Lektüren den Schoß mit unverwelklichen Blumen zu füllen und die Kunst auszuüben, das Gute zu ergreifen und dennoch weiterhin das Beste zu verfolgen. Beim Schein einer Lampe sollen sie sich in die Dichtung vergangener Zeiten vertiefen und sich von edlen Gestalten wie Belphoebe und Amoret inspirieren lassen – das sind die Zwillingstöchter der Nymphe Chrysogone in dem kurz vor 1600 publizierten epischen Langgedicht „The Faerie Queene" des Elisabethaners Edmund Spenser. Auf diese Weise begabt und gerüstet werden die Frauen ihr Schicksal verbessern, übertreffen und krönen, so dass die Männer endlich das sklavische Stigma auslöschen werden, das der halben Menschheit eingebrannt ist. Die Männer werden sogar die Frauen aufrufen, sich zu erheben und zu befreien, und dann werden sie als gleichgestellte Partnerin für die bisher dominanten Herren Schwester und Freundin sein.
Bemerkenswert beim gedanklichen Höhepunkt, mit dem das lange Gedicht endet, ist einerseits die starke Betonung der literarischen Bildung als grundlegende Voraussetzung für die gesellschaftliche Achtung der Frauen. Andererseits erstaunt das harte politische Urteil über die bisher erlittene Geringschätzung und Herabsetzung mit dem Begriff der Sklaverei. Durch die im englischen Parlament und in der Öffentlichkeit früh einsetzende politische Debatte um die Abschaffung der Sklaverei und das nur zwei Jahre vor der Publikation der Versbriefe erlassene Verbotsgesetz für den Sklavenhandel war diese Bezeichnung für Unterdrückung und Entrechtung so gegenwärtig, dass die Dichterin ihn in ihre Verse übertragen konnte, um ihre Forderung nach gleichen Rechten für die Frauen zu verstärken. Doch bis der utopische Aufruf der Männer aus ihrem Versbrief Akzeptanz in der wirklichen Mitte der Gesellschaft fand, sollte noch viel Zeit vergehen. Schließlich dauerte es noch mehr als hundert Jahre, bis in Europa wenigstens endlich das Wahlrecht für Frauen durchgesetzt werden konnte.

Lucy Aikin
Epistles on Women, Exemplifying their Character and Condition in Various Ages and Nations
in:
Paula R. Feldman (ed.), British Women Poets of the Romantic Era, an Anthology (Baltimore, London, 1997)

Aber bei einer Berliner Autorin lässt sich schon 1820 bei diesem Thema ein Fortschritt in die richtige Richtung erkennen, wenn sie ihre utopische Vorstellung von einer Kolonie in der Wildnis von Amerika ausbreitet. Deutlicher als im zwei Jahrzehnte zuvor publizierten Briefroman „Erscheinungen am See

Oneida“ tritt nun als Hauptperson eine bedrängte junge Frau ins Zentrum, deren Mut und Entschiedenheit zur Quelle eines kompletten Bruchs mit den patriarchalischen Herrschaftsverhältnissen werden. Dem Lesepublikum wird überzeugend vorgeführt, wie weibliches Selbstvertrauen zur Grundlage wird, um die Unterdrückung durch die Traditionen der alten Gesellschaft zu überwinden. Es sind die Ideale der französischen Revolution, die das emanzipierte und tatkräftige Mädchen bei ihrer Flucht in die neue Welt der Freiheit geleiten.

Henriette Frölich [*aka* Jerta] (1768–1833)

Virginia

oder

die Kolonie von Kentucky.

Mehr Wahrheit als Dichtung.

Herausgegeben

von

J e r t a.

Zweiter Theil.

Mit einem Kupfer von Bollinger.

Berlin,

bei August Rücker.

1820.

Virginia oder die Kolonie von Kentucky 1820

Henriette Frölich wurde als Dorothea Friederica Henrietta Rauthe geboren und stammte aus einer angesehenen Berliner Familie, ihr Vater war königlicher Hofkommissarius, und sie muss als Tochter ähnlich bildungsdurstig gewesen sein wie die zentrale Figur ihres späteren Briefromans. 1789 heiratete sie den schriftstellerisch tätigen Juristen Carl Wilhelm Frölich und unterhielt mit ihm zunächst einen literarischen Salon in der aufgeklärten Stadtkultur Berlins im ausgehenden 18. Jahrhundert. 1792 zog sie mit ihrem Mann auf sein Erbgut bei Luckenwalde, sie hatte viele Kinder und schrieb Beiträge für einen Musen-Almanach. Während der Napoleonischen Kriege wurde das Gut der Familie von Soldaten geplündert und später schließlich ganz zerstört, bei diesen Verwüstungen verlor Henriette mehrere literarische Arbeiten. Die Familie ging wieder nach Berlin, und dort veröffentlichte sie 1819 unter dem Pseudonym „Jerta" einen zweiteiligen Briefroman, den sie unter dem Titel „Virginia oder die Kolonie von Kentucky" auf 1820 vordatiert hatte. Ihre fiktive Briefschreiberin Virginia wurde am 14. Juli 1789 geboren, und die utopische Kolonie in Amerika entwirft eine ideale Gesellschaft nach Vorstellungen und Grundsätzen, wie sie die französischen Revolutionäre bei ihrem Aufbruch erhofft hatten. Das Buch wurde nach dem Erscheinen wenig beachtet und blieb auch später weitgehend unbekannt.

In einem Auftakt-Gedicht „An die Leser", heißt es, dass die Heldin des Buches „was ihr alle sucht und sehnt, Das verlorne Eden" wiederfinden will. Virginias erster Brief trägt das Datum des 20. August 1814 und als Ortsangabe „im Hafen von Marseille, Am Bord des ‚Washington'". Sie schreibt ihrer Cousine Adele, dass sie heimlich die französische Heimat verlassen hat und auf der Reise nach Amerika ist. Während der Überfahrt des Schiffes bis zum Dezember des Jahres schildert sie im ersten Teil des Werkes der jüngeren Verwandten ausführlich die Geschichte der durch die politischen Umwälzungen zerrissenen Familie. Virginias Vater Leo hatte als junger Mann begeistert als französischer Soldat die Unabhängigkeitskämpfer in Amerika unterstützt. Zurück in der Heimat begrüßt er später die Revolution, legt seinen Adelstitel ab und verteilt seine Güter gerecht an die Pächter. Seine Schwester – die Mutter von Adele – ist jedoch mit einem Herzog verheiratet, dessen Familie entschieden für die Rechte der alten Adelsgesellschaft eintritt. Als Leo die Bürgerstochter Klara heiratet, sieht der Herzog die Familie entehrt, lässt Leo festnehmen und in die Bastille bringen. Leos schwangere Frau bangt um ihn, aber er wird am Tag der Erstürmung der Bastille befreit, an dem auch seine Tochter zur Welt kommt. Nach den Wirren der Revolution erlebt Virginias Familie den Aufstieg Napoleons als eine positive Entwicklung für das Land, der Vater ist sogar mit dem „Ersten Konsul" persönlich bekannt und er bleibt ein patriotischer Verfechter des neuen Frankreich. Doch Napoleons Herrschaft führt bald kriegerische Zeiten herbei, „der Dämon des Krieges" führt für Virginias Familie zu großem Unheil. Der kurz nach Virginia geborene Bruder Emil wird früh Soldat und stirbt ganz jung an einer Verletzung nach der Schlacht von Wagram, die Mutter erträgt den Tod des einzigen Sohnes nicht und stirbt. Die junge Virginia hatte sich mit dem tapferen Mucius verlobt, aber der wird, nachdem er 1810 als Soldat eine Brücke erobert hat, als ertrunken gemeldet. Auch der Vater zieht in den Krieg um Paris und stirbt in der Schlacht. So hat Virginia die ganze Familie verloren, sie ist untröstlich und sieht außer ihrem persönlichen Leid auch die Sache des Volkes verloren und die Herrschaft der Fürsten auf dem Vormarsch. Der Herzog will Virginia, die „trotzige Republikanerin" wieder in die Adelsgesellschaft zurückführen und standesgemäß verheiraten, aber sie will diese Fesseln brechen und entschließt sich zur Flucht. Ihr Vater hatte ihr ein Kästchen mit Geld für schlechte Zeiten gegeben, und Virginia gelingt in einer Kutsche mit einem alten Diener der heimliche Aufbruch nach Marseille, wo sie auf einem segelfertigen Schiff an Bord geht. Der erste Teil des Buches endet mit ihrem Bekenntnis: „Der Inhalt meines Kästchens ist nicht die Basis meiner Sicherheit, mein eigener Inhalt ist es. Vier Sprachen, Musik und andere Früchte einer sorgfältigen Bildung sichern mir ein bequemes Fortkommen ... Für mich gibt es keinen Standesunterschied, ich kann auf jeden Platze zufrieden leben, wo ich nur im Inneren ich selber bleiben darf."

Der zweite Teil beginnt mit einem Brief aus Philadelphia, wo Virginia von der Familie des Schiffskapitäns freundlich aufgenommen wird, im Land der Freiheit beginnt für sie ein glücklicheres Leben, das utopische Züge aufweist. Mit Vertrauten der Kapitänsfamilie geht sie auf die Reise, bestaunt Washington und nähert sich den Niagarafällen, als an ihrem Geburtstag ein Wunder geschieht. Ihr tot geglaubter Verlobter Mucius hat den Krieg überlebt, ist nach Amerika gegangen und sinkt nun in Virginias Arme. Zusammen mit weiteren Zuwanderern und ihren Gefährtinnen beschließen sie, Land zu erwerben und eine Kolonie zu gründen. „Mucius entwirft den Plan zu einem kleinen Staate, in welchem Freiheit und Gleichheit verwirklicht werden sollen; jeder Abschnitt des Entwurfs wird der Generalversammlung, in welcher auch wir Weiber eine halbe Stimme haben, vorgelegt, und nach Stimmenmehrheit, angenommen oder abgeändert, und ich denke, es wird eine Verfassung zustande kommen." Ihre Landschaft wird Eldorado genannt, es gibt keinen Ehrgeiz, keinen Gelddurst, keine Religionsstreitigkeiten und Modetorheiten. Alle Menschen dort erleben sich als ein Volk, das gilt für die Zuwanderer aus Europa und für die „Neger" gleichermaßen: „aller Unterschied der Farbe, der Heimat, der Bildung war vernichtet, wir wurden alle Brüder, mit gleichen Rechten und gleichen Pflichten." Die Gründer der Kolonie entwerfen eine für alle geltende Landestracht der Männer und Frauen, sie teilen ihre Zeit „klüglich zwischen Arbeit und Erholung", moderne Maschinen werden genutzt und erleichtern die Landwirtschaft, und für die leiblichen Bedürfnisse hat die Natur der Umgebung im Überfluss gesorgt. Für die Erziehung der Jugend wird eine Bildungsanstalt gegründet. Auf einer Reise besucht man die Grenznachbarn von Eldorado, die „Uramerikaner" vom Stamm der Chickasaws und Irokesen. Mit diesen „Wilden" bahnt sich eine Beziehung der Freundschaft an, man tauscht Salz und Töpfergerät aus, die Europäer vermitteln Kenntnisse über die Kuhblatternimpfung gegen die Pocken und lehren die Verwendung von Impfgerät und Lymphe.

Am 14. Juli wird Virginias Geburtstag mit der Verlesung der Grundgesetze der Kolonie gefeiert, die im Tempel unter dem Altar aufbewahrt werden. Dieser Altar dient dem „einigen Gott" durch die Ergebung in seinen Willen, der für alle Vertrauen, Dankbarkeit und das Streben hervorbringt, gut und menschlich zu handeln. Ein Grundsatz der Verfassung ist die völlige Freiheit und Gleichheit der vereinten Familien, alle Angelegenheiten werden durch Stimmenmehrheit entschieden. Außer dem Staat hat niemand Eigentum, alles ist Gemeingut. Die Menschen außerhalb der Grenzen der Republik werden als Brüder betrachtet. Wahrheit und Gerechtigkeit sind die einzigen Stützen des häuslichen und gesellschaftlichen Glücks, sie können nur unter dem Schutze der Freiheit vollkommen gedeihen. In ihrem abschließenden Brief an Adele berichtet Virginia im Juli 1817, dass sie einen Sohn geboren hat, der zum Andenken an den Großvater Leo heißen soll. Auch bei den anderen Siedlerfamilien gab es inzwischen viele Geburten, und alle in Eldorado heranwachsenden Jungen und Mädchen werden bis zum 12. Jahr gemeinsam zur Schule gehen. Danach lernen die Mädchen die Haushaltung, die Jungen die höheren Wissenschaften und die toten Sprachen. Lehrer ist jeder der Männer in seinem Lieblingsfach. „So unterrichtet man jetzt schon spielend die deutschen Knaben und ein paar muntere Negerbuben; künftig werden auch diese mit den unsrigen gleich erzogen. Wie lächerlich wird einst unsern Jünglingen der Kastengeist erscheinen, mit welchem der größte Teil des Erdkreises zu kämpfen hat!" Von den lebenden Sprachen lernen die Kinder durch die alltägliche Nutzung in den verschiedenen Familien der Kolonie Französisch, Italienisch, Deutsch und Englisch. Die Lieblingsunterhaltung der Erwachsenen ist es, die älteren griechischen Dichter und Prosaisten zu lesen, Mucius übersetzt meisterhaft aus dem Stegreif. Virginia schließt ihren Brief mit dem literarischen Bezug, dass sie seltener den früher so geschätzten schwermütigen Sänger Ossian lesen mag, denn rings um sie herrscht heitere Lebensfreude, „eine neue Sonne, ein neues Dasein ist für uns alle aufgegangen".

Der Wunschraum Eldorado hat mit einer Heldin, die am Tag der Bastille-Erstürmung geboren wurde, natürlich enge Beziehungen zu den Idealen der Freiheit und Gleichheit von 1789, aber als Quelle aller Vorstellungen von der humanen Gesellschaft wird deutlich auf die Antike verwiesen, die Kultur der Griechen und Römer lebt als dauerhaftes Vorbild für die Menschen in der Kolonie fort. Schon im Namen Mucius von Virginias wiedergefundenem französischen Mann klingt der tapferste römische Soldat an, der – wie Livius überliefert – seine Hand opfert und die Stadt vor dem Etruskerkönig Porsenna rettet (ab urbe condita, II, 12). Virginia sieht ihn als Wiederholung von Aeneas, der diesmal die Götterbilder in die Wälder von Kentucky rettet. Bei der Rolle der Frau gibt es im utopischen Raum Fortschritte gegenüber den historischen Vorbildern, denn sie haben in der Generalversammlung zur Planung der Verfassung immerhin eine halbe Stimme, das ist mehr als in der gleichzeitigen Wirklichkeit staatlicher Ordnungen. Besonders bemerkenswert für diese Zeit ist Virginias weibliche Selbstachtung, materieller Besitz ist nicht die Basis ihrer Sicherheit, sondern sie vertraut auf ihre sorgfältige Bildung, die ihr ein „bequemes Fortkommen“ sichern wird. Kein männlicher Beschützer ist mehr gefragt, als Frau kann sie überall zufrieden leben, wo sie im Innern sie selber bleiben darf.

Henriette Frölich [aka Jerta]
Virginia oder die Kolonie von Kentucky. Mehr Wahrheit als Dichtung
(Berlin 2015), herausgegeben von Michael Holzinger

In Europa lässt die erste Hälfte des 19. Jahrhunderts die Zahl weiblicher Schriftstellerinnen stürmisch ansteigen, am stärksten in England. Dort sind die meisten Bücher von Frauen Romane, deren Handlung die gesellschaftlichen Verhältnisse ihrer eigenen Gegenwart beschreibt. Oft stehen weibliche Figuren im Zentrum, deren wichtigstes Anliegen es ist, einen Ehemann zu finden, der ihre Gefühle aufrichtig erwidert und trotzdem den Erwartungen der Eltern in Hinsicht auf Stand und Vermögen genügt. Doch neben solchen literarischen Darstellungen der wirklichen Gesellschaft gibt es in der europäischen Romantik auch Autorinnen, deren Bücher in imaginären Räumen spielen und ganz frei von einer realistischen Umwelt phantastische Vorstellungen entwickeln. Eine schöpferische Engländerin erfand den Forscher Frankenstein, der einen künstlichen Menschen erschuf, dessen Gestalt bis in die Gegenwart in ihrem Buch und auch im gruseligen Film von 1931 Weltruhm genießt.

Mary Shelley (1797–1851)

Frankenstein or, The Modern Prometheus 1818
The Last Man 1826

Mary Shelley lebte fest verankert in einer Welt der Dichter und Denker. Ihr Vater William Godwin schrieb 1793 die „Enquiry concerning Political Justice“, eine Untersuchung der politischen Gerechtigkeit, die statt Untertanen freie und gleiche, vom Verstand geleitete Menschen prophezeit, und ihre Mutter Mary Wollstonecraft publizierte mit „A Vindication of the Rights of Woman“ eine erste Verteidigung der Rechte der Frauen mit Forderungen, die bis heute aktuell geblieben sind. Aber auch bei diesem für das Utopie-Thema so vielversprechenden Hintergrund der Eltern findet sich im literarischen Werk der Tochter kein gesamter Entwurf einer moralischen Vervollkommnung, nur in zwei von ihren zahlreichen Romanen werden Vorstellungen mit utopischen Bezügen am Rande gestreift.

Ihr berühmtestes Werk ist „Frankenstein oder der moderne Prometheus“ von 1818, das damals mehr Leser fand als die Gedichte ihres Mannes Percy Bysshe Shelley. Darin hat der Wissenschaftler Victor Frankenstein an der Universität Ingolstadt die Geheimnisse des Lebens studiert und in einem waghalsigen Experiment einen künstlichen Menschen erschaffen. Diese zum Klassiker gewordene namenlose Horror-Figur war aber zunächst durchaus positiv geraten und hatte ganz eigenständig durch Anregungen aus der Lektüre von Plutarch, Milton und Goethes Werther wichtige humane Werte wie Bildung und Liebe zu den Menschen erworben. Doch als alle vor seinem nie beschriebenen schrecklichen Äußeren fliehen und vor allem, als sein Erzeuger die flehentliche Bitte verweigert, ihm eine Gefährtin zu schaffen, kippt seine utopische Anlage. Die Verweigerung menschlicher Gemeinschaft, besonders die vermisste Gegenwart einer liebenden Frau, lässt erst die Züge des bald zu Weltruhm gelangten Monsters entstehen, das böse wird und gnadenlos Bruder, Freund und Braut seines unglücklichen Schöpfers tötet.

Fast unbekannt geblieben ist dagegen Mary Shelleys Roman „Der letzte Mensch“ von 1826, eine Zukunfts-Dystopie in drei umfangreichen Bänden, die am Ende des 21. Jahrhunderts die gesamte Menschheit im Verlauf einer weltweiten Pestepidemie aussterben lässt. In den Jahrzehnten zuvor stehen zwei Männer im Mittelpunkt, die in dem im Jahre 2073 zur Republik gewordenen England die Politik bestimmen. In den Figuren von Adrian und Raymond erkennt man jeweils Züge der Dichter Shelley und Byron, und der Krieg von Griechenland mit der Türkei bildet den historischen Rahmenbezug. Im 1. Buch entwirft der an die Gestalt Byrons erinnernde Raymond im Kapitel 8, als er vom Londoner Parlament als Lord Protector gewählt wird, eine utopische Zukunftsvision. Er wird Kanäle, Brücken und nützliche Gebäude für die Bevölkerung bauen lassen, England wird fruchtbar und prachtvoll werden, die Armut wird abgeschafft. Die Menschen werden von Ort zu Ort reisen wie die Prinzen in 1001 Nacht, Krankheit wird vollkommen verbannt, alle Arbeit wird leicht, die Lebenskünste und die Entdeckungen der Wissenschaft werden sich schneller entwickeln, als man berechnen kann, Nahrung wird spontan entstehen, und es wird Maschinen geben, die jeden Wunsch der Bevölkerung erfüllen. – Doch dann kommt Raymonds Krise, er betrügt seine Frau, wirft das politische Amt hin und zieht in den Krieg.

Erst später, nach dem griechischen Sieg über die Türken bricht endlich der Frieden aus. Jetzt ist es Adrian, der im 2. Buch im 15. Kapitel eine Rede über die Zukunft hält, die an Shelleys lyrische Dramen vom „Entfesselten Prometheus“ und „Hellas“ erinnert. Wenn der Friede nur zwölf Monate hält, dann wird die Erde ein Paradies. Die menschliche Energie, die bisher immer auf Vernichtung ausgerichtet war, strebt nun nach Befreiung und Bewahrung. Der Mensch kann nicht ruhen und sein rastloses Streben wird jetzt das Gute statt des Bösen hervorbringen. Die blühenden Länder des Südens werden das eiserne Joch der Knechtschaft abwerfen, die Armut wird verschwinden und mit ihr die Krankheit. Mit der rhetorischen Frage, welche Wunder diese edlen, bisher nie vereinigten Kräfte von Freiheit und Frieden im Haus der Menschheit nun erschaffen werden, endet seine utopische Vision. Aber Adrian wird sofort als haltloser Träumer hingestellt, denn ein Astronom hat ausgerechnet, dass ein irdisches Paradies erst in 100.000 Jahren entstehen kann, und gegenwärtig muss die Auslöschung der Menschen in allen Teilen der Welt ihren Lauf nehmen.

In diesem Roman sind es Männer, die Mary Shelleys kurze Ausflüge zu utopischen Vorstellungen präsentieren, aber zum Kernprogramm der von ihnen genannten Aspekte gehört die Überwindung von Armut, Hunger und Krankheit, und diese Ziele werden als Grundbestand einer besseren Gesellschaft auch die weitere Entwicklung utopischer Texte von Frauen beständig begleiten. Es sind besonders die wirtschaftlichen Umwälzungen der beginnenden Industrialisierung, die in allen Ländern Europas fühlbar werden und immer stärker nach einer Reform der politischen Ordnungen rufen.

Mary Shelley
Frankenstein or, The Modern Prometheus
(London, Everyman's Library reprinted 1982)
The Last Man
(Oxford 1998)

In der Zeit zwischen dem Ende der Napoleon-Herrschaft und den wachsenden bürgerlichen Revolutionshoffnungen von 1848 lassen sich in der deutschsprachigen Literatur verschiedene weibliche Stimmen vernehmen. Die Dichterin Annette von Droste-Hülshoff (1797–1848) schreibt 1842 in ihrem berühmten Gedicht „Am Thurme" keine Utopie, doch ihr Selbstporträt entwirft eine Frau, die von einem Balkon aus in die Außenwelt schaut, aber von allen erträumten Aktivitäten abgeschnitten ist. Sie darf weder kämpfen noch jagen noch ein Schiff steuern, und ihre Klage gipfelt im Wunsch: „Wär ich ein Mann doch mindestens nur", aber sie muss „gleich einem artigen Kinde" sitzen und darf nur heimlich ihr Haar lösen und im Wind flattern lassen, um einen Hauch von Freiheit zu spüren. Dieses erste feministische Gedicht in deutscher Sprache – wie es Ruth Klüger genannt hat – gibt ein eindrucksvolles Bild, wie sehr die Frauen auch auf dem Weg zu den anstehenden Veränderungen von 1848 noch auf ihre rein passive Rolle fern vom öffentlichen Leben festgelegt bleiben. Doch trotz aller restaurativen Regelungen, die auf den Wiener Kongress folgten, mit denen eine resolut rückwärtsgewandte Politik alle Veränderungen fürchtete und durch Zensur bekämpfte, schrieb in dieser Zeit eine Frau aus einer bekannten Dichterfamilie ein höchst politisches Buch ihrer Vorstellungen einer aktuell wünschenswerten Gesellschaftsordnung. Diese Autorin legte jedoch vorsichtshalber ihre eigenen Ansichten in den Mund einer angesehenen Frau der jüngeren Vergangenheit und sicherte ihr Buch durch eine präventive Verbeugung vor dem Herrscher.

Bettina von Arnim (1785–1859)

Dies Buch gehört dem König 1843

Sie wurde in Frankfurt als Bettina Brentano geboren und ist die Enkeltochter der Schriftstellerin Sophie von La Roche. 1811 heiratete sie Achim von Arnim und hatte mit ihm sieben Kinder. Er war der Freund ihres Bruders Clemens, und die beiden Romantiker publizierten neben ihren Dichtungen die einflussreiche Sammlung von Volksliedern „Des Knaben Wunderhorn". Bettina lebte in der Umgebung vieler Dichter und war mit Goethes Mutter befreundet. Nachdem ihr Mann 1831 gestorben war, trat sie als Schriftstellerin hervor und veröffentlichte 1835 den Briefroman „Goethes Briefwechsel mit einem Kinde". Ein späteres politisches Werk ist ihr Roman „Dies Buch gehört dem König" von 1843. Sie hatte den König Friedrich Wilhelm IV vor der Veröffentlichung um Erlaubnis zu dieser Widmung im Titel gebeten – um so der Gefahr durch die Zensur zu entgehen.

Der umfangreiche Text von „Dies Buch gehört dem König" gibt sich als ein Gespräch aus, in dem Goethes Mutter „Frau Rath" im Jahre 1807 die redselige Hauptperson ist, die lebhaft ihre Gedanken, Erinnerungen, Phantasien und Wünsche vorträgt. Als Gesprächspartner tritt zuerst nur ein Pfarrer auf, und später im Abschnitt „Socratie der Frau Rath" kommen ein Pfarrer und ein Bürgermeister zu Wort. Die Stimme von „Frau Rath" – in der Öffentlichkeit bekannt als Mutter des berühmtesten deutschen Dichters – vertritt als liberale Frankfurter Bürgerin die kritischen Ansichten der Autorin über den preußischen Staat, während sowohl die zivile als auch die religiöse Amtsperson entschiedene Gegenstimmen zu Gehör bringen. Frau Rath spricht nicht von einer Wunschzeit oder fernen Gegenden, sondern vom Hier und Jetzt ihrer reformbedürftigen Gesellschaft; unter Betonung ihrer Rolle als Frau äußert sie Forderungen und Vorschläge zur richtigen Religion, zum Verhältnis des Fürsten zu seinem Volk und zu einer den leidenden Menschen angemessenen Rechtsprechung.

Grundlage für ihr Glaubensbekenntnis bildet die Überzeugung, dass die Natur der allumfassende Begriff von Gott ist, der unendlich erschafft. Aller Geist entspringt aus der Natur, und der Menschengeist ist ein Lebenskeim, der sich ausbrüten soll in seiner irdischen Existenz. Der Geist muss Freiheit genießen, jedes Antasten der Geistesfreiheit ist Inquisition, der Wahrheitsgeist scheint in alle zerstörten Lebensverhältnisse, er kann Staat und Religion umwandeln und gründet aufs Neue die Bande des Volks mit dem Fürsten. Je näher das Volk seinem Fürsten, je größer ist dessen Kraft, er schlägt wie ein elektrischer Schlag durch alle Herzen. Die Staatsmittler zwischen Fürst und Untertan – die gelehrten Textdreher – bedrohen durch Form und Etikette das kühne Vertreten des

Naturrechts vor des Herrschers Gerechtigkeit und Gnade. Der Fürst soll in die Zukunft blicken und sie herbeilocken, das ist er dem Vertrauen seines Volkes gegen ihn schuldig. Der Staat soll in gesunder Ehe mit dem Volk leben, dann hat er das wahre Vertrauen, wenn er nur Machtsprüche verhängt, vergiftet er das Volksherz. Wenn der Staat sich immer als strafender Zuchtmeister, aber nie als gütiger Vater zeigt, lebt der Mensch unter Armut, Beschränktheit und Finsternis und droht zum Verbrecher zu werden. Er ist das Opfer, er hat nie die Güter genossen, die ihn das Gute würdigen lehrten, und die Staatsmittler als Herren der Isolier- und Schweigegefängnisse lassen den Fluch der Armut an ihrer glattpolierten Bildung kaltblütig abgleiten. „Der Staat muß und hat nichts anders zu thun als den Verbrecher zu retten und seine Heilung zu bewirken", fordert Frau Rath.
Durch die fiktive Zeitverschiebung zurück auf 1807 und durch die Stimme von Goethes Mutter mildert sich die persönliche Kritik der Autorin am preußischen Staat der Gegenwart zu einer allgemeinen Forderung nach einem Mächtigen, der „in schöner Mäßigung, in vollkommener Geisteserleuchtung und Denkfreiheit den Baum der Gerechtigkeit" einpflanzt. Ihre Anklage, die Rechtssprechung übersehe bei Vergehen die entscheidende Ursache der Armut und erkläre hilflose Opfer zu Verbrechern, klingt für ihre Zeit wie ein Wunsch nach utopischer Veränderung, ihr Thema wird jedoch später bei juristischen Reformen in der Wirklichkeit berücksichtigt. Bei ihrem „Kapitalgedanken" – also der Einheit von Natur und Gott, in der sich der schaffende Menschengeist frei entfaltet – bleibt Bettina von Arnim den Überzeugungen der Romantik verbunden, wie sie aus den frühen literarischen Werken von Bruder und Ehemann bekannt sind. Doch bei ihrer öffentlichen Forderung nach politischen und gesellschaftlichen Reformen, bei ihrem Eintreten für Arme und Verfolgte berührt sie entschieden die Themen der Revolutionäre von 1848. In ihrer Rolle als Frau tritt sie dabei in großer und für ihre Lebenszeit ungewohnter Stärke auf, mit der Stimme der „Frau Rath" kann sie dem erstaunten Pfarrer erklären, dass sie den Kampf mit furchtlosem Blick besteht, denn ihr Herz trägt sie „als Streiterin hoch über Gefahr hinweg".

Bettina von Arnim
Dies Buch gehört dem König
(Berlin 1843)
Bayerische Staatsbibliothek, Digitale Bibliothek

So wie sich die Gesellschaften in der zweiten Hälfte des 19. Jahrhunderts durch die Wirtschaftsformen der beginnenden Industrialisierung entwickeln, ist bei allen Veränderungen nicht zu übersehen, dass es nach wie vor überall die Männer sind, deren althergebrachte Herrschaft die Schrecken und Ungerechtigkeiten der Lebensverhältnisse dieser Epoche zu verantworten hat. Daher lässt sich beobachten, wie es zu einem Thema für weibliche Autorinnen wird, sich entschiedene Entwürfe einer besseren Welt auszudenken und in ihre Utopien radikal neue Vorstellungen einzubringen. In Nordamerika, das in diesen Zeiten dabei ist, zur großen Wirtschaftsmacht aufzusteigen, geht eine Schriftstellerin in der Industriemetropole Cincinnati sogar so weit, in ihrer literarischen „Prophezeiung" der Zukunft das männliche Geschlecht vollkommen aussterben zu lassen.

Mary E. Bradley Lane (1844–1930)

Mizora. A Prophecy 1880

Über die Lebensumstände der Amerikanerin Mary Bradley Lane ist fast gar nichts bekannt geworden. Ihre literarische Utopie wurde von November 1880 bis Februar 1881 in den Heften der Zeitschrift „Cincinnati Commercial" als Fortsetzungsroman publiziert, erst 1890 erschien der Text dann als Buch. Übersetzt lautet der volle Titel: „Mizora: Eine Prophezeiung: ein Manuskript aus den privaten Papieren der Prinzessin Vera Zarovitch: ein wahrer und originalgetreuer Bericht ihrer Reise ins Innere der Erde, mit einer sorgfältigen Beschreibung des Landes und seiner Bewohner, ihrer Sitten, Bräuche und ihrer Regierung". Der erste Teil hat dreizehn Kapitel, gefolgt vom zweiten Teil mit elf Kapiteln.

Die Ich-Erzählerin ist eine russische Prinzessin, sie wird wegen ihrer Regimekritik nach Sibirien deportiert und kann von dort Richtung Norden fliehen. Am Nordpol wird sie von Seeleuten verlassen, zunächst bleibt sie bei den Eskimos, aber bald macht sie sich mit einem Kanu allein auf den Weg durchs ewige Eis. Jenseits des Nordpols gelangt sie durch einen Wirbel ans Ufer des Zauberlands Mizora, wo sie fünfzehn Jahre leben wird. Sie wird von einer Gruppe wunderschöner blonder Frauen empfangen, zur Leiterin der Landeshochschule – der Präzeptorin – geführt, neu eingekleidet, mit köstlichem Obst versorgt. Sie lernt schnell die Sprache und entdeckt stufenweise die erstaunlichen Eigenarten des Lebens in Mizora: „Bildung ist die Grundlage unserer Moral, unserer Regierung, unseres Glücks" erklärt die Präzeptorin, alle Menschen sind gleich geboren, es gibt keine Armen, wohltätige Unterstützung und sogar Gesetze werden in dieser aufgeklärten Gesellschaft nicht benötigt. Die kostenlose Erziehung der Kinder ist von höchster Wichtigkeit, es gibt überhaupt keine Klassenunterschiede, es gibt auch keine Tiere, und die gesamte reichhaltige und gesunde Ernährung der Bevölkerung beruht auf den „Wundern der Chemie", durch die alle bekannten Formen von Krankheit ausgerottet wurden. In diesem Land der „Gehirn-Arbeiter" ist vor allem die Naturwissenschaft von zentraler Bedeutung, sämtliche Formen körperlicher Arbeit, auch Waschen und Putzen werden von Maschinen ausgeführt. Die Frauen, die zweihundert Jahre alt werden, nutzen zur Fortbewegung bequeme Fahrzeuge, die von Druckluft oder Elektrizität angetrieben werden. Aus Wasser wird in einem chemischen Vorgang Hitze erzeugt, die Wohnungen und Gewächshäuser für alle wärmt. Zur Kommunikation über weite Entfernungen nutzt man Reflektions-Apparate zur Stimmübertragung, auch Vorlesungen und Musikaufführungen können auf diese Weise in zwanzig Städten gleichzeitig gehört werden. Für Reisen über große Entfernungen sind Luftschiffe und elektrische Eisenbahnen zugänglich.

Der erste Teil endet mit einem Gespräch der Besucherin mit der Präzeptorin, das zur Frage nach der Existenz von Männern führt.
Zu Beginn des zweiten Teils wird die Erzählerin in eine verborgene historische Galerie geführt, dort sind Porträts von Männern aus der Vergangenheit zu sehen. Im Unterschied zu den blonden Frauen der Gegenwart haben einige dunkle Haare und Gesichter, und die Präzeptorin erläutert, dass es nur für die weiße Rasse möglich ist, die höchste Stufe der moralischen und geistigen Exzellenz zu erreichen, daher wurde Dunkelhäutigkeit beseitigt. Auf die erstaunte Frage der Besucherin, wo denn die Nachkommen der hier porträtierten Männer geblieben sind, hört sie: „Die Rasse ist vor dreitausend Jahren ausgestorben". Auf ihre Bitte um Erklärung gibt ihr die Präzeptorin einen historischen Kurz-Abriss über die schrecklichen Zeiten, als Männer die Gesellschaft beherrschten, und ihre Ausführungen lassen deutliche Bezüge zur Geschichte der USA zur Entstehungszeit des Textes erkennen. Nach einem blutigen Bürgerkrieg begannen die Frauen in Mizora, die Macht zu übernehmen, gründeten eine Republik und schlossen für hundert Jahre alle Männer von politischen Ämtern aus – und am Ende dieser Zeit waren die Männer alle einfach ausgestorben. Der Kern des Geheimnisses einer rein weiblichen Bevölkerung wird der Erzählerin anschaulich im Mikroskop eines Chemielabors gezeigt, sie sieht dort nur eine Zelle und wird über deren weitere Entwicklung belehrt, die so kontrolliert werden kann, dass nur weibliche Lebewesen entstehen.
Über den Aufstieg zur hohen Kultur der rein weiblichen Gesellschaft von Mizora lernt sie von der Präzeptorin, dass der erste Schritt in der Ausrottung von Krankheiten bestand, die man durch Bereitstellung von sauberer und gesunder Nahrung erreichte. Im nächsten Schritt wurde die Armut beseitigt, indem die Löhne kontrolliert und Arbeit für alle bereitgestellt wurde, besonders wichtig war die Einrichtung kostenloser staatlicher Fachschulen. Zur Förderung der Gesundheit ließ man die Sauberkeit in Stadt und Land staatlich kontrollieren und richtete Stätten für sportliche Übungen ein. Durch die Analyse menschlichen Blutes ließen sich alle Erbkrankheiten überwinden, und da sich das Verbrechen als eine familiär erbliche Anlage erwies, durften Verbrecher keine Nachkommen haben. Die Besucherin freundet sich mit Wauna an, der Tochter der Präzeptorin, und reist mit ihr durch weite Teile des utopischen Landes. Sie findet überall Landschaft und Gebäude schön gestaltet, alle Frauen sind freundlich, höflich und verehren die Künste, außerdem lernt sie, dass hier alle Formen von Religion überflüssig sind, denn Gott ist die Natur, die große Mutter, die den Fortschritt der Zivilisation zu diesem Idealzustand ermöglicht hat. Nach fünfzehn Jahren, als die Ich-Erzählerin Heimweh nach ihrem Herkunftsland entwickelt, macht sie sich gemeinsam mit Wauna auf die gefährliche Reise. Sie erreichen Russland, besuchen England und Frankreich und erleben überall

eine schreckliche Rückständigkeit der inhumanen gesellschaftlichen Verhältnisse. Schließlich landen sie in den Vereinigten Staaten, die Wauna wenigstens auf dem Weg zu einer besseren Entwicklung sieht, aber die Entfernung von ihrem utopischen Land Mizora lässt sie krank werden und sterben, so dass die untröstliche Erzählerin allein mit ihrer festen Überzeugung zurückbleibt, dass nur kostenlose allgemeine Bildung zu einer großen und edlen Zukunft der Welt führen kann.

Der Wunschraum Mizora umfasst vielfältige Aspekte, einerseits steht die Beseitigung von realen gesellschaftlichen Übeln im Vordergrund, die fast alle bisherigen Utopien beschreiben: Hunger, Armut und Krankheit müssen als Voraussetzung einer Verbesserung überwunden werden. Andererseits schaffen die völlige Abwesenheit von Männern und die Dauer dieser Gesellschaftsform von dreitausend Jahren ganz besonders ausgefallene Bedingungen, die sowohl durch rückwärtsgewandte als auch zukunftsgerichtete Eigenheiten ergänzt werden. Der blanke Rassismus, der aus der Höherstellung von weißhäutigen und blonden Menschen spricht, deutet in Obamas Worten auf die „Erbsünde der amerikanischen Gesellschaft". Dagegen weisen die raffinierten technischen Errungenschaften durch naturwissenschaftliche Studien für Kommunikation und Verkehr weit voraus in unsere Gegenwart. Die phantastische Möglichkeit der Existenz einer rein weiblichen Bevölkerung lässt selbst die mythischen Amazonen alt aussehen, aber der Schwerpunkt der kostenlosen Bildung für Frauen als Quelle aller humanen Fortschritte gibt dem Text auch einen thematischen Ausklang, der bis heute durchaus aktuell geblieben ist.

Mary E. Bradley Lane
Mizora. A Prophecy
(Leipzig o.J., Amazon Distribution)

In den letzten Jahren des 19. Jahrhunderts wurden in vielen Ländern immer mehr Frauen schriftstellerisch tätig, und ihre Veröffentlichungen trugen wichtige Probleme der gesellschaftlichen Gleichberechtigung ins Zentrum politischer Debatten. Einen besonderen Schwerpunkt bildet dabei das Thema des immer noch nicht verwirklichten Wahlrechts der Frauen, das den folgenden Roman angeregt hat.

Elizabeth Burgoyne Corbett (1846–1930)

New Amazonia. A Foretaste of the Future 1889

Die Engländerin Elizabeth Burgoyne Corbett schrieb mehrere populäre Romane und arbeitete als Journalistin für die Zeitung „Newcastle Daily Chronicle“. Ihr utopisches Buch hat sogar die Amazonen im Titel: „New Amazonia: A Foretaste of the Future“, und im Vorwort des 1889 erschienenen Buches schreibt sie, das Werk sei ein Protest gegen einen Aufruf, der das Frauenwahlrecht verurteilte. Im Juni dieses Jahres hatte die angesehene Kultur-Zeitschrift „Nineteenth Century“ einen offenen Brief von Mrs Humphry Ward gedruckt, den mehr als hundert Frauen zustimmend unterzeichnet hatten: „An Appeal Against Female Suffrage“. Für Elizabeth Corbett war das: „der widerwärtigste Verrat, der je von Frauen an Frauen begangen wurde“. Als dann in der Zeitung „Fortnightly Review“ ein tapferer Gegenprotest erschien, erträumt sich die Autorin ihren Vorgeschmack auf eine machtvolle Zukunft der Frauen, so dass sich ihre Sinne verschleiern und sie in einen tiefen Schlaf sinkt, der in die Zauberwelt führt, in der ihr erstes Romankapitel beginnt.

Die Ich-Erzählerin erwacht im Jahre 2472 in einem herrlichen Garten und sieht auf dem Ast eines nahen Baumes einen jungen Mann, der sie fragt, ob sie auch Haschisch genommen hätte. Als er herunterklettert, erkennt sie in ihm schnell die perfekte Verkörperung männlichen Hochmuts, aber bevor sie antwortet, sehen beide eine weibliche Erscheinung auf sie zukommen, von der sie nicht wissen, ob es eine Frau oder eine Göttin ist. In ihr scheinen Venus, Hebe und Juno vereinigt, sie ist über zwei Meter groß, hat kurzes lockiges Haar, trägt ein schwarzes Samtkostüm mit roter Schärpe und fragt die beiden, warum sie hier seien und sich so seltsam verkleidet hätten. Der hochmütige junge Herr prahlt sofort mit seiner adligen Abkunft, aber auf die Angeredete wirkt er nur wie ein Kind, sie lacht ihn aus, und als drei ihrer Begleiterinnen dazukommen, stimmen sie in ihr Gelächter ein. Dann werden die beiden Gäste in ein Gebäude geführt und erhalten gemeinsam mit fünfzig weiteren Frauen eine köstliche vegetarische Mahlzeit.

Anschließend empfängt die Rektorin Helen Grey die Erzählerin und erfährt von ihr zu ihrer Verwunderung, dass es in England kein Frauenwahlrecht gibt. Neu-Amazonien dagegen wird seit tausend Jahren von Frauen regiert. Vor langen und schrecklichen Kriegen hieß dieses Land Irland und die Hauptstadt Dublin, aber inzwischen tragen alle Städte den Namen einer Frau, die sich für die weiblichen Rechte eingesetzt hat. Zum Glück hat sich die Sprache nicht sehr verändert, und als ihr ein dickes Buch mit der Geschichte von Amazonien überreicht wird, vertieft sich die Erzählerin darein und berichtet in den folgenden Kapiteln von ihrer Lektüre.

Im Zentrum steht die Auseinandersetzung zwischen England und Irland. Es beginnt mit einer politischen Allegorie, die in einen mörderischen Krieg mündet, der mehrere europäische Länder einbezieht und tobt, bis die englische Bevölkerung so dezimiert ist, dass der Name des Staates zu Teuto-Schottland verändert wird. Dort leben dreimal mehr Frauen als Männer, und nach einer Beschreibung der ungerechten traditionell männlichen Vorrechte erheben sich tapfere Frauen, erlangen das allgemeine Wahlrecht und leiten die größte politische Wende aller Zeiten ein: Irland wird mit den überzähligen Frauen besiedelt und erhält den Namen Neu-Amazonien. In dieser neuen politischen Ordnung werden alle Ämter von Frauen geführt, das Land wird in 250 Distrikte mit einer Tribunin geteilt, an der Spitze steht eine Anführerin mit zwei Haupt-Beraterinnen und zwölf Staatsrätinnen, die alle drei Jahre vom Volk gewählt werden. Die Wirtschaft wird vom Staat so organisiert, dass keine Steuern erhoben werden. Die Vorschrift für nationale Bekleidung schafft das Korsett ab, die Kinder treiben bis zum zehnten Lebensjahr nur Sport, dann gehen sie zur Schule und erlernen danach einen Beruf. Männer sind in den höheren Ämtern nicht zugelassen, neue Heiratsverträge erleichtern die Scheidung. Alle Kinder gelten als Staatseigentum, niemand darf mehr als vier Kinder haben, und Neugeborene mit körperlichen Behinderungen werden getötet. Keine Gemeinschaft ist perfekter, wohlhabender und moralischer als Neu-Amazonien. In der Religion wurden die Gotteshäuser anfangs wahllos von Katholiken, Protestanten, Juden, Wesley-Methodisten, Presbyterianern, Quäkern und einer Menge anderer Glaubensgemeinden genutzt, unter denen solcher Streit ausbrach, dass eine gesetzliche Regelung nötig wurde. Der neue einheitliche Glaube verehrt den „Spender des Lebens“, der liebevoll und mildtätig ist, seine Priester beziehen keine Gehälter oder Privilegien, sondern belehren in Tempeln am arbeitsfreien Tag der Woche, wie man sein Leben verbessern kann. Die gesamte Wirtschaft untersteht dem Staat, die Eisenbahnen ebenso wie die Wasserversorgung. Schädliche Substanzen wie Tabak und berauschende Getränke sind abgeschafft, und die Ernährung ist rein vegetarisch. Die umfangreiche Geschichte Amazoniens schließt mit einem Rückblick auf die schrecklichen Verhältnisse, als die Wissenschaften noch in den Kinderschuhen steckten.

Anschließend wird die Erzählerin von der jungen Amazonin Hilda durch das Land mit allen seinen Wundern geleitet, sie erhält die landesübliche Kleidung, schneidet ihre Zöpfe ab und erfährt, dass Krankheiten durch die Einnahme von „Schlafstrank“ geheilt werden. Im Jahre 2239 hat eine Chemikerin die Substanz mit der seltsamen deutschen Bezeichnung erfunden, die Erkrankte so lange im Schlaf hält, bis ihr Körper vollkommen genesen ist. Der Rundgang durch Andersonia – wie Dublin jetzt heißt – zeigt der Besucherin, dass die Luft

durch Elektrizität rein gehalten wird und der Verkehr mit hydraulischen Autos alle Entfernungen im Land in zwanzig Minuten überwinden kann.
Bei einem Morgenbad bewundert die Erzählerin sportliche Übungen der einheimischen Frauen im Schwimmbad. Versehen mit einem Eintrittspass für alle Institutionen des Landes macht sie sich auf einen Rundgang und trifft zuerst den arroganten jungen Mann, der mit ihr nach Amazonien kam. In überheblichen Tönen verkündet er, dass er einen Bericht schreiben will, während sie als Frau nichts Vernünftiges zu Papier bringen kann. Anschließend erfährt sie von der 114 Jahre alten Rektorin Grey, dass die Menschen in Amazonien hohes Alter ohne Krankheiten erreichen, und wer körperliche Schwächen erleidet, bringt sich diskret ums Leben. Auch psychisch Kranke werden aus Mitleid getötet, denn es gibt keine Hölle, vor der man sich fürchten müsste. Danach lernt sie die „Erneuerungs-Räume" kennen, in denen seit 400 Jahren Menschen mit den Nerven junger Tiere geimpft werden. Dazu wird ein Äther mit der deutschen Bezeichnung „Bändiger" eingenommen, der sofort bewusstlos macht, bis die Verjüngung wirkt. Es gibt keine Überbevölkerung, weil ehrgeizige Frauen, die hohe Ämter anstreben, keine Kinder haben. Die anderen leben tugendhaft in der Ehe mit Männern, außereheliche Kinder sind Zeichen des Lasters und werden getötet. Die Rektorin berichtet von Denkmälern für die aus der Wirklichkeit stammenden Wissenschaftler Koch und Pasteur, die gefährliche Krankheiten überwunden haben. Die fleischlose Ernährung trägt zur Gesundheit bei und in der Religion sind Bigotterie und Aberglaube ausgerottet, doch Jesus wird verehrt, weil er ein Freund der Frauen war.
Als die Erzählerin eine öffentliche Rede halten soll, ist auch der arrogante junge Mann dabei, er spricht als erster und stellt alle männlichen Vorurteile gegen Frauen so deutlich heraus, dass die Zuhörerschaft voller Ekel schweigt, während ihre folgende Rede mit großem Applaus bedacht wird und sie viele Einladungen erhält. Sie wird über das Christentum in Amazonien aufgeklärt, das von allem Fanatismus der verschiedenen Konfessionen gereinigt ist. Dabei ist ihr Dialogpartner einer der wenigen Männer, die einen Verdienstorden bekommen haben, und er lädt sie ein, das Heim seiner Familie zu besuchen. Sie betritt das komfortable Gebäude mit elektrischer Heizung und Beleuchtung, bei dem in Erdgeschoss Läden eingerichtet sind. Die sind durch Telefone so verbunden, dass man alles Nötige bestellen kann und elektrische Lifts die Waren vor die Tür liefern. Eine staatliche Gesellschaft für Haushaltshilfe erledigt alles Kochen, Nähen und Waschen, und wer dort arbeitet, wird gut bezahlt und kann sich in der Freizeit bilden oder entspannen. Beim Vergleich der Bedingungen ihres Berufes in England und Amazonien erfährt sie, dass ein Copyright-Gesetz die Schreibenden vor Ausbeutung durch Verleger schützt. Mutter Staat sorgt so für die Bevölkerung, dass keine Armen- und Arbeitshäuser nö-

tig sind; auch der Verzicht auf die Monarchie spart gegenüber der Situation in England viel Geld ein. Dort muss das Frauenwahlrecht endlich eingeführt werden. Als sie plant, wieder nach Hause zu gehen, zeigt man ihr eine Karte von ihrer Heimat Newcastle, in der alle alten Dörfer verschwunden sind und die Stadt zum Zentrum für elektrische Apparate und Wissenschaften geworden ist. Im letzten Kapitel beschließt die Autorin in Amazonien zu bleiben, dort wird niemand auf dem Friedhof beerdigt, alle Toten kommen ins Krematorium. Da der arrogante junge Mann in diesem Lande völlig nutzlos ist, läuft er Gefahr getötet zu werden, sie sucht ihn auf, um ihn zu warnen. Er fleht sie an, ihm zu helfen, das Land zu verlassen. Dann findet er in seiner Kleidung eine Prise Opium und als die Erzählerin daran riecht, erwacht sie in ihrem Studierzimmer, das sie am Anfang der Geschichte verlassen hatte.

Corbetts Utopie kritisiert die ungerechte Verteilung der Lebensmöglichkeiten von Frauen und Männern in der Wirklichkeit des ausgehenden 19. Jahrhunderts durch eine Umkehrung der Verhältnisse in ihrem „New Amazonia" der erträumten Zukunft. Doch nicht alle Wunschvorstellungen waren von der gesellschaftlichen Wirklichkeit entfernt. Corbetts Buch erschien im selben Jahr 1889 wie der Roman „Die Waffen nieder", mit dem Bertha von Suttner einen Welterfolg mit dem Thema des Friedens erzielte. Der Wunsch, dass es keine Kriege mehr geben soll, wurde damals durchaus von vielen Menschen geteilt, und es entstand eine erste Friedensbewegung. Aber dass dieses Ziel nur dann erreichbar ist, wenn Frauen die Macht übernehmen, bleibt Corbetts utopische Vision. Das gilt auch für die weiteren erträumten Veränderungen, dass in Staat, Wirtschaft und Religion gerechte Verhältnisse entstehen werden, die Armut verschwinden wird, die Wissenschaften aufblühen und technische Erfindungen geschaffen werden, die das Leben für alle erleichtern. Positiv an ihren Traumvisionen ist, dass alle Krankheiten überwunden sind, besonders die Verjüngungskur hat utopische Züge. Dagegen erschrecken wir, wenn außereheliche und körperbehinderte Kinder ebenso wie psychisch kranke Menschen gnadenlos getötet werden. Das britische Traumland kurz vor der Jahrhundertwende hat dadurch ein durchaus doppeltes Gesicht.

Elizabeth Burgoyne Corbett
New Amazonia. A Foretaste of the Future
(Fairford 2018)

Das beginnende 20. Jahrhundert entdeckt im Bereich der Naturwissenschaften bedeutende neue Erkenntnisse wie Einsteins Relativitätstheorie. Das praktische Leben verändert sich überall durch technische Erfindungen wie das Telefon und das Flugzeug, und in der medizinischen Forschung gelingen wichtige Verbesserungen für die Gesundheit der Menschen. Doch bis auf ganz wenige Ausnahmen bleibt die weibliche Bevölkerung immer noch von der Mitwirkung am politischen Leben sowie der Teilnahme an Bildung und Wissenschaften ausgeschlossen. Das betrifft nicht nur die Länder der bisher betrachteten Autorinnen, die literarische Utopie einer Schriftstellerin aus Indien zeigt, wie sehr eine gesellschaftliche Ordnung von Männerherrschaft und Unterwerfung der Frauen inzwischen zu einem Thema geworden ist, das über die Verhältnisse der Bevölkerung in Europa hinausgreift und die ganze Welt betrifft.

Rokeya Sakhawat Hossain (1880–1932)

Rokeya Sakhawat Hossain schrieb in Indien, das zur Erscheinungszeit ihrer Utopie noch eine britische Kolonie war. Sie wurde 1880 im heutigen Bangladesh geboren und lebte bis 1932. Sie konnte schon früh Englisch und Bengali lesen und schreiben, und mit 16 Jahren wurde sie mit dem stellvertretenden Friedensrichter Hossain verheiratet, sie lebten in Bhagalpur in Bihar. Der Ehemann war viel älter als sie, und er förderte ihre literarischen Interessen. Auf sein Anraten wurde ihr utopischer Text „Sultana's Dream" 1905 auf Englisch publiziert und erschien im „Indian Ladies' Magazine" in Madras unter dem Namen Mrs. R.S. Hossain. Später veröffentlichte sie Essays und einen weiteren Roman, aber vor allem engagierte sie sich für die Bildung von Mädchen und gründete 1910 eine Schule in Kalkutta, die heute noch besteht.

Ihre utopische Vision „Sultanas Traum" beginnt mit einer Ich-Erzählerin, die im Sessel ihres Schlafzimmers in einem Zustand zwischen Schlaf und Wachen sitzt, als sie plötzlich im funkelnden Mondlicht eine Frauengestalt erblickt. Sultana denkt, es sei ihre Freundin Sara und folgt deren Einladung zu einem Spaziergang. Im Licht des Morgens erkennt sie, dass die Person nicht Sara ist, aber sie bleibt ihre freundliche Führerin durch das unbekannte „Ladyland" mit seinen schönen Gärten. Da sie hunderte Frauen auf den Straßen sieht, aber keinen einzigen Mann, erfährt sie auf ihre erstaunte Frage, dass hier die Männer alle in den Häusern bleiben, genau so wie in ihrer indischen Heimat die Frauen in der abgetrennten Welt der Purdah. Im „Ladyland" leisten die Frauen alle notwendigen Tätigkeiten in Politik und Handel, sie arbeiten nur zwei Stunden pro Tag, aber sie haben es geschafft, dass Epidemien, Erkrankungen durch Moskitostiche und früher Kindstod überwunden sind.

Diese Umwandlung nahm ihren Anfang vor dreißig Jahren, als die Königin Schulen für Mädchen eröffnete und Heiraten für Minderjährige verbot. Bald wurden zwei Universitäten nur für Frauen gegründet, und in der einen wurde ein Ballon erfunden, der über den Wolken schwebt und so viel Wasser, wie im ganzen Land benötigt wird, aus der Atmosphäre sammelt und auf diese Weise auch Regen und schädliche Stürme verhindert. An der zweiten Universität erfand man ein Instrument, mit dem man Sonnenenergie konzentriert speichern kann. Die Männer verspotteten die wissenschaftlichen Erfindungen der Frauen zuerst als „sentimentalen Albtraum" und erweiterten ihrerseits die militärische Macht des Landes. Als die Königin politische Flüchtlinge aus einem Nachbarland aufnahm, erklärte ihr dessen König den Krieg, und seine Armee rückte zunächst siegreich immer weiter vor. Die Königin rief ihre Frauen auf, die

Feinde nicht durch körperliche Kräfte, sondern durch die Kraft des Denkens zu überwinden.

Die Leiterin der „Sonnen-Universität" hatte einen Plan. Sie schickte die übrig gebliebenen verwundeten und zermürbten Männer zum Aufenthalt in die Häuser, und die erschöpften Kämpfer zogen sich klaglos zurück. Dann marschierte sie mit ihren zweitausend Studentinnen in den Kampf, und es gelang ihr, die Strahlen des konzentrierten Sonnenlichts auf die Feinde zu richten, die in Panik vor der sengenden Hitze flohen und mitsamt ihren Waffen vernichtet wurden. Seitdem hat es nie wieder eine Invasion in „Ladyland" gegeben. Die Königin teilte den Männern mit, sie sollten in den Häusern bleiben, bis sie gebraucht würden. Aber da man seitdem weder Polizisten noch Juristen braucht, kann man in der Öffentlichkeit auf Männer verzichten, die sich inzwischen an die häusliche Situation gewöhnt haben und ihre Tätigkeiten dort verrichten.

Für harte körperliche Arbeit nutzt man seitdem technische Erfindungen, die Felder werden elektrisch gepflügt und es gibt Luftfuhrwerke, so dass man keine Teerstraßen und keine Eisenbahnen braucht. Wasser lässt sich zum Kühlen und Sonne zum Wärmen einsetzen, und für die gesunde Ernährung der gesamten Bevölkerung sorgen vor allem Früchte. Die Religion des Landes baut auf Liebe und Wahrheit, und der Kreis der geheiligten Verwandten, die eine Frau treffen darf, umfasst hier auch entfernte Vettern.

Als Sultana den Wunsch äußert, die Königin zu sehen, die all diese Wunder angeregt hat, richtet ihre Führerin Sara sofort ein Luft-Auto mit Kugeln aus Wasserstoff ein, das mit elektrischen Flügeln versehen in die Lüfte schwebt und bald im Garten der Königin landet. Die Königin begrüßt die Besucherin freundlich und erzählt ihr, dass ihre Bewohnerinnen mit anderen Ländern Handel treiben, aber nur mit solchen, in denen die Frauen das Haus verlassen dürfen und die Geschäfte betreiben. Die Menschen in ihrem „Ladyland" streben nicht danach, andere Länder zu erobern und sie beneiden andere Herrscher nicht um ihren Thron, sondern sie tauchen tief in den Ozean des Wissens und suchen nach den Kostbarkeiten, die von der Natur bereitgehalten werden.

Nach dem Abschied von der Königin besichtigt Sultana die berühmten Universitäten des Landes und einige Fabriken, Laboratorien und Observatorien, bevor sie dann wieder das Luft-Auto besteigt. Sobald es sich bewegt, rutscht sie aus, und dieser Sturz lässt sie aus ihrem Traum erwachen. Als sie die Augen öffnet, sitzt sie wieder im Sessel ihres Schlafzimmers, aus dem sie in den Traum entschwebt war.

Auch in diesem Teil der Welt konzentrieren sich die Vorstellungen vom Wunschland der Frauen auf die von den früheren Utopien schon benannten Schwerpunkte einer menschenwürdigen Gesellschaft. Hier wird besonders betont, dass die Veränderungen auf der grundlegenden Errungenschaft der weiblichen Bildung beruhen. Das gilt sowohl für die positive Entwicklung von Politik und Handel als auch für die Überwindung von Krankheiten. Alle grundlegenden Bedingungen der Gesellschaft wie Krieg und Frieden, die Arbeit, der Verkehr, selbst das Klima werden durch Quellen aus dem „Ozean des Wissens" erschlossen, den die Frauen unermüdlich erforschen. Die Umkehrung der Macht von Männern und Frauen ähnelt zwar der Gesellschaft in Neu Amazonien, doch hier bedeutet die Aufhebung der in der Kulturtradition überlieferten Verbannung der Frauen aus der Öffentlichkeit eine noch stärkere Revolution. Die beiden Utopien, die kurz vor und nach der Jahrhundertwende erschienen, gleichen sich darin, dass die Erzählerin aus ihrem realen heimischen Zimmer in einem Traum entschwindet und nach den imaginären Erlebnissen in ihrem Wunschland dort wieder aufwacht.

Rokeya Sakhawat Hossain
Sultana's Dream (and Padmarag)
Introduction by Barnita Bagchi
Penguin Classics (Haryana 2005)

Die weitere Entwicklung literarischer Wunschwelten der Frauen führt nicht nur an den Rand der bekannten Welt, sondern rückt noch vor dem 1.Weltkrieg mit der erträumten Reise zu einem fernen Planeten einen Himmelskörper als Zielort der erwünschten Gesellschaft ins Zentrum. Ein halbes Jahrhundert später werden solche literarischen Ausflüge in den Utopien von Frauen bevorzugt, aber zunächst ist das Thema der Reise zu den Sternen noch ganz neu.

E. Tanne (Person und Daten unbekannt)

Über die Person der Verfasserin gibt es überhaupt keine Informationen (außer, dass die Schrift in Hamburg-Duvenstedt erschienen ist), sie stellt ihrem Werk einen Appell voraus:
„Frauen! Wenn ihr wüsstet, welch' heilige starke Kraft in euch wohnt, ihr alle, reich und arm, jung und alt, würdet zusammentreten in Reih' und Glied und euch scharen um das Banner, das euch hebt und schützt und zum Engel der Menschheit macht.
Weihnachten 1910 – die Verfasserin"

Die Ich-Erzählerin hört einen Vortrag über Marsbewohner und sehnt sich nach ihnen. Sie klettert auf einen Baum, wird von drei Personen empfangen, die ewig ruhig im Gleichgewicht von Körper und Seele leben. Der Ort erweist sich als der Garten vom Mars, und die glückliche Besucherin will dort bleiben. In zwölf nummerierten Kapiteln schildert sie den Planeten und seine Bewohner.
1. Kapitel: Große und kleine Marsbewohner machen bei Sonnenaufgang Spaziergänge und singen. Alle Gebäude werden durch Sonnenstrahlen erwärmt, der Staat baut und kontrolliert alle Häuser, ein Sonnenmagnet sammelt Strahlen, die zum Kochen, Heizen und für Kraftwerke benutzt werden.
2. Nahrung und Getränke der Frauen und Kinder sind einfach und sehr gut, das Trinkwasser wird durch die Erdschichten gefiltert und erhält Erdkraft.
3. Krankenhäusern gilt besondere Sorgfalt, es gibt drei Sorten: Seelenkrankenhäuser, Geisteskrankenanstalten und Häuser für körperlich Kranke. Männer werden von männlichen Ärzten behandelt, Frauen von Frauen. Die Seelenkrankenhäuser sind unentgeltlich, sie führen Kriminelle auf den Weg der Besserung. Alle Kranken arbeiten nackt bei Mondlicht in Gärten und werden wieder normale Menschen, geleitet werden die Vorgänge von Vorsteherinnen und Richterinnen, sie sind die größten Gelehrten. Auf dem Mars feiern alle Menschen die Vollmondnacht.
4. In der Verfassung regieren, richten und erziehen Männer nur das männliche Geschlecht. Die Frauen haben eine Königin, unter ihr stehen Vorsteherinnen und Assistentinnen, die zwei Jahre Ausbildung und Praxis durchlaufen. Alle arbeiten in ihrem Lieblingsfach, es gibt zweijährige Handwerkskurse, nach zehn Jahren als Untervorsteherin kann man nach dem 50. Lebensjahr Medizin, Theologie und Jura studieren, diese Fächer dürfen nie getrennt werden. Die Königin wird gewählt, sie muss eine Seelenärztin sein.

5. Fraueninstitute unterweisen Mädchen ab 16, vor dem Bund der Vereinigung mit einem Mann muss eine Prüfung für Kindererziehung, Hauswesen, Gartenbau und Seelenlehre abgelegt werden. Nur Frauen können Frauen erziehen, bilden und erheben, der Mann mit seinem unbewussten Egoismus erzieht und bildet nur seinesgleichen.
6. Mädchen und Frauen leben und streben für Natur und Freiheit. Sie kennen keine bindenden Gesetze für die Ehe, vor der Eheschließung wird eine Rentenversicherung abgeschlossen. Das Mädchen oder die Frau wählt den Mann zur Seelenverbindung, aber wenn die Ehe missglückt, ist Scheidung leicht möglich. Die geschiedenen Frauen beziehen Rente, auch die Witwen und Waisen.
7. Alle Ehefrauen müssen zweimal pro Jahr eine Ärztin konsultieren. Kranke Frauen müssen vor ihrer Menstruation ins Periodenhaus ziehen und mindestens zehn Tage dort bleiben. Sie sollen keine Kinder gebären, denn Gesundheit und Freiheit sind Grundpfeiler auch der kräftigen und gesunden Männerwelt.
8. Die Kinder tragen den Namen der Mutter, sie nährt ihr Kind, bis die Zahnbildung vorüber ist. Nach dem siebenten Jahr werden die Kinder gartenpflichtig, sie machen Bewegungs- und Turnübungen. Ab dem neunten Jahr lernen sie Schreiben und Lesen. Eine Marsschülerin lernt in sechs Wochen das Wissen von drei Schuljahren auf der Erde.
9. Das Mars-Land ist reich und erzielt Milliardenüberschuss durch Obst. Die Fische werden getrocknet, das Geflügel präpariert. Bei den Bäumen geben Öl, Kork- und Laubwälder Baumaterial für Häuser aus Holz mit Korkwänden. Material wie Gold, Silber, Eisen, Kohle, alles, was aus Erde herausgeholt wird, ist unbekannt. Jeder Mensch ist steuerpflichtig, auch die Hauptzeitung wird besteuert. Wenn Mütter ihr Kind verlieren, müssen sie Kinder von anderen Frauen stillen. Jeder Junggeselle über dreißig muss einen Obstbaum pflanzen lassen, auch ledige Mädchen müssen einen Obstbaum pflanzen, daher gleicht das ganze Land einem Obstpark, in dem Bäume schützende Mauern bilden.
10. Das Land publiziert zwei Zeitungen, die Männerpresse und die Frauenzeitung. In beiden werden keine Sensationen oder skandalöse Chroniken veröffentlicht, auch keine Börsenspekulationen. Keine Frau kritisiert ihre Nebenschwestern, alle Schreibenden müssen eine Schweigezeit einhalten, in der sie zwei Bäder in einem Kanal mit ernüchterndem Wasser nehmen, bei Vollmond nehmen sie auch ein Mondbad.
11. Die Reben und Erdbeeren des Landes erlitten eine Krankheit, aber die Ursache wurde gefunden. Jetzt werden die Pflanzen gegen Krankheiten und Ungeziefer geschützt.
12. Aus einem hölzernen Weidenzweiglein wird ein dreieckiges Instrument gestaltet, die Quena, das ist eine Flöte, die wunderbare Musik macht. Dieses Ins-

trument muss im Freien aufbewahrt werden, damit die geheimen Naturkräfte nicht zerstört werden.

Dieser geistige Flug ins utopische Weltall war nur bei Vollmond möglich. Beim abnehmenden Mond wird die Erzählerin zurück zu den Erd-Menschen versetzt. Sie fragt sich, wann mit allem Egoismus und der Sucht zu glänzen endlich dort die Zeit kommen wird für die Nächstenliebe? Die Frauen mit ihrer suchenden, wunden Seele sollen nicht in die Männerwelt drängen, sondern in ihrem natürlichen Kreis bleiben. Mit einem Abschlusszitat: Nur Frauen können Frauen/ erziehen, unterrichten, /richten und regieren. – endet der Text.

Das Leben auf der utopischen Marswelt weist Züge auf, die auf gesellschaftlich wünschenswertes Verhalten in der Gegenwart vorausschauen und uns durch die Behandlung solcher Themen in den Medien durchaus bekannt sind. Dazu gehören die gesunde Ernährung, die psychosomatische Ausrichtung der medizinischen Versorgung, die Gewinnung von Energie aus der Sonne und Vermeidung von Kohle, die Pflanzung von Obstbäumen sowie die Nutzung von natürlichem Baumaterial wie Holz und Kork für die Gebäude. An diesen Zielen können wir uns heute noch orientieren, während die rigorose Trennung der Lebenswelt von Männern und Frauen nur von der damaligen Erzählerin positiv gedeutet wird. Die Frauen auf dem Mars gelten als Richterinnen und Seelenärztinnen als die größten Gelehrten, und die immer von Frauen unterrichteten Mädchen lernen unglaublich schnell. Doch ihr abschließender Appell an die Erdbewohnerinnen, sie sollten sich aus „dem Wirkungskreis, der naturgemäß nur dem Manne zugewiesen ist" auch künftig heraushalten, erteilt gerade am Anfang des 20. Jahrhunderts den damals in der Wirklichkeit lauter werdenden Forderungen der Frauen nach Gleichberechtigung und Wahlrecht eine entschiedene Absage.

E. Tanne
Die Frauenwelt auf dem Mars
Tanneparkberg-Verlag, Duvenstedt-Hamburg 1910
Faksimile Reprint: Verlag Lindenstruth Giessen 2003

In einer Zeit, in der für die Länder Europas schon der 1. Weltkrieg mit seinen Schrecken begonnen hat, wurde im zuerst noch nicht beteiligten Amerika eine imaginäre Zukunftsvision von einer bekannten Schriftstellerin publiziert. In ihrem Wunschraum wurde die vollständige Trennung der Lebenswelten von Männern und Frauen schon vor zweitausend Jahren vollzogen, als die Frauen nach einer Naturkatastrophe die Männer ausgerottet haben und durch stetige Pflege der Naturwissenschaften und Bildung eine menschenwürdige weibliche Kultur hervorgebracht wurde.

Charlotte Perkins Gilman (1860–1935)

Herland 1915

Die amerikanische Autorin Charlotte Perkins Gilman lebte in Connecticut. Sie konnte nur kurz eine Schule besuchen und eine früh geschlossene Ehe endete bald mit Depression und Scheidung. Als Schriftstellerin berühmt wurde sie mit der Kurzgeschichte „The Yellow Wallpaper“ von 1892. Darin wird eine Ich-Erzählerin nach der Geburt ihres Kindes zu einer von ihrem gefühllosen ärztlichen Ehemann verordneten „Ruhekur“ in einem Zimmer mit gelber Tapete eingeschlossen, dort versinkt sie zunehmend in Wahnvorstellungen, die sie aus den Formen auf der Tapete entwickelt. Nach diesem Literaturerfolg heiratete die Autorin noch einmal und der neue Ehemann unterstützte ihre schriftstellerische Tätigkeit. Sie schrieb zahlreiche feministische Aufsätze, die für die wirtschaftliche Unabhängigkeit der Frauen eintreten, und gab das Magazin „The Forerunner“ heraus. Dort erschien 1915 ihre Utopie „Herland“ als Mittelstück einer Romantrilogie, die in jeweils zwölf Kapiteln die Bände „Moving the Mountain“, „Herland“ und „With Her in Ourland“ enthält.

Die Utopie „Herland“ beginnt mit drei jungen Männern, die von einer naturwissenschaftlichen Expedition ausbrechen, um ein unbekanntes, angeblich nur von Frauen bewohntes Land zu erforschen. Der reiche Techniker Terry sieht Frauen als unterlegene Wesen, der Arzt Jeff ist zartfühlend, liebt die Dichtung und verehrt Frauen, der Erzähler Vandyck hat Soziologie studiert und glaubt, seine Haltung gegenüber Frauen sei eine mittlere Position.

Ausgestattet mit einem großen Motorboot und einem kleinen Doppeldecker-Flugzeug brechen sie auf, an einem See verlassen sie ihr Boot und machen einen Rundflug, sehen perfekt kultiviertes Land unter sich und einige Frauen und Kinder. Als sie einen flachen Felsen am See finden, landen sie und marschieren durch den Wald zu einem Dorf. Sie staunen über die gepflegte Vegetation, sie folgen drei Mädchen zu einer Siedlung, dort empfängt sie eine Gruppe von Frauen und will sie in ein Gebäude drängen. Die Männer weigern sich, aber dann wird jeder von fünf Frauen ergriffen, ins Gebäude geschleppt und betäubt. Sie erwachen in einer Art Festung, in praktischer Kleidung, ihr großer Raum hat ein Badezimmer. Zu den Mahlzeiten sitzt jeder an einem Tisch mit einer Frau gegenüber, und ein Buch mit Vokabellisten dient zum Erlernen der Sprache. Die Frauen erklären als Tutorinnen den drei Gefangenen ihr Land, aber die Männer planen einen Ausbruch und seilen sich von einem Fenster in die Freiheit ab. Bevor sie ihr Boot besteigen können, werden sie von den Frauen wieder entdeckt und erneut festgesetzt. Diesmal wird ihnen die Geschichte des Landes erklärt, in dem es seit 2000 Jahren keine Männer mehr gibt. Die ursprüngliche Gesellschaft mit zwei Geschlechtern war von „arischer“

Abstammung, ihre Hautfarbe ist nur durch Sonneneinstrahlung etwas dunkler, sie waren in Kontakt mit der besten Zivilisation der Alten Welt. Dann hat ein Vulkanausbruch das Land von der Außenwelt abgeschnitten, die Frauen haben sich gegen die Männer erhoben und sie vernichtet. Nach einigen Jahren geschieht ein Wunder, eine junge Frau bringt eine Tochter zur Welt, auf die vier weitere folgen, und diese fünf Frauen werden wieder Mütter von je fünf Töchtern. Diese, aus der Parthenogenese entstandenen Frauen bilden eine neue Gesellschaft, in der Kinder gemeinsam von der Mutter und einer Erzieherin auf die Aufgaben für die Gemeinschaft vorbereitet werden. Es gibt keine Feinde oder Krieg, alle ernähren sich von Früchten, die ihre höchst ertragreiche Landwirtschaft erzeugt, Armut ist völlig unbekannt, und ihre Kultur wächst durch Bildung in jeder neuen Generation auf höhere Stufen, denn ihre höchste Kunst ist die Erziehung.

Die drei Männer halten Vorträge über ihr Herkunftsland für die lerneifrigen Frauen. Die halten die Wiederherstellung einer zweigeschlechtlichen Bevölkerung für ein interessantes Experiment, und jeder der drei beginnt eine persönliche Frauen-Beziehung, die zu einer Eheschließung führen soll. Der Erzähler führt intensive Gespräche mit Ellador, der Arzt Jeff verehrt Celis, und der Frauenverächter Terry streitet und versöhnt sich wieder mit Alima. In „Herland" gibt es kein Modell für die Beziehungen zwischen Männern und Frauen, vor allem gibt es keine Tradition für Familie und Ehe, die den Männern Kampf, Eroberung, Erfolg und Gründung einer Familie vorschreibt, den Frauen aber Sicherheit durch einen Ehemann und „soziale" oder karitative Interessen. Auch die Kinder gehören nicht nur in eine Familie, sondern die ganze Gemeinschaft begleitet den Prozess ihrer körperlichen und geistigen Bildung.

Als der Ich-Erzähler Ellador über die Religion in ihrem Land befragt, erklärt sie ihm die zentrale Vorstellung einer liebenden mütterlichen Kraft, auf die ihr gesamtes Handeln ausgerichtet ist. Ordnung und Gesundheit, Schönheit des Landes, Glück der Kinder und vor allem der stetige Fortschritt, dies sind die Ziele, die ihre Religion bilden, in der auf die Vorstellung ewigen Lebens verzichtet wird. Der Termin der Hochzeit der drei Männer rückt näher. Als sie die Sitte erklären, dass die Frauen ihren Familiennamen verlieren und den des Ehemanns annehmen, lehnen die drei Frauen das ab, die Hochzeit wird trotzdem als großes Gemeinschaftsfest gefeiert.

Doch in den drei Ehen ergeben sich bald Schwierigkeiten, denn die Männer erwarten die Unterordnung der Frauen. Aber in „Herland" gehen die drei nach der Heirat ihrem Beruf als Försterinnen nach, sie sind an separate Schlafzimmer gewöhnt und entwickeln kein Bedürfnis nach Zweisamkeit im ehelichen Hausstand. Dem Erzähler gelingt es, schrittweise eine freundschaftliche und glückliche Beziehung zu seiner Partnerin aufzubauen, der sanfte Jeff ist so von

den Vorzügen des Landes überzeugt, dass ihn bald auch diese ungewohnte Lebensform der Ehe erfüllt. Terry dagegen ist sich sicher, dass jede Frau es liebt, von einem Mann beherrscht zu werden. Nach mehreren Streit- und Versöhnungsfällen schleicht er sich ins Schlafzimmer seiner Frau und versucht sie zu vergewaltigen. Sie ruft um Hilfe, mehrere Frauen stürmen herein, fesseln und betäuben ihn. Es kommt zu einem Prozess vor der örtlich zuständigen Über-Mutter, vor der er erklärt, sie seien alle unfähig, die Bedürfnisse eines Mannes zu verstehen. Das Urteil lautet, dass er dieses Land verlassen muss.
Nach einer weiteren Debatte über die unterschiedlichen Vorstellungen von Mann und Frau in beiden Gesellschaften soll „Herland" von den Besuchern verlassen werden. Die Bewohnerinnen bitten sich aus, dass der Ort ihres Landes nicht in der Öffentlichkeit bekannt gemacht werden soll. Terry muss auf jeden Fall aus dem Land verschwinden, der sanfte Jeff hat sich so eingewöhnt, dass er mit seiner Frau in „Herland" bleiben will, und der Erzähler Vandyck will seiner Frau das Land seiner Herkunft zeigen – und mit diesem Schluss wird der Übergang zum Thema des dritten Teils der Roman-Trilogie angekündigt.

Im Wunschraum „Herland" am Rand der realen Welt herrscht eine Wunschzeit, die schon seit Jahrtausenden der rein weiblichen Bevölkerung ermöglicht, ein gutes Leben zu führen, in dem alles durch Krieg, Hunger und Krankheiten verursachte Leiden verschwunden ist. Die rassistische Zuschreibung einer „arischen" Abstammung des ursprünglichen Volkes zeigt die negativen Seiten der Vorstellung, doch das politische System des Landes erbringt den positiven Nachweis, dass Frauen durchaus imstande sind, geordnete und effizient funktionierende Institutionen für menschliches Zusammenleben einzurichten. Als entscheidende Grundwerte ihres Handelns zeigen sich die Konzentration auf Arbeit, auf gesunde Lebensweise und Ernährung und ganz besonders auf ein ständiges Wachstum der Bildung. Durch den Kontakt mit den drei Besuchern treten die damaligen Vorstellungen von Weiblichkeit und Männlichkeit in den Mittelpunkt. Für die männlichen Besucher wird durch ihre Erlebnisse deutlich, dass die Frauen im Wunschland voll entwickelte freie Menschen sind, bei ihnen fehlen alle Formen von Schwäche und Unterwürfigkeit, die von den Männern für traditionelle Merkmale der Weiblichkeit gehalten werden. Insofern vermittelt das literarische Bild einer zukünftigen utopischen Gesellschaft der starken Frauen in „Herland" eine ganz entschiedene Kritik an den ungerechten Lebensverhältnissen der realen Welt, aus der die Männer aufgebrochen sind.

Charlotte Perkins Gilman
Herland, in:
The Complete Herland Trilogy: Moving the Mountain, Herland, With Her in Our Land,
p. 110–218, Mcallister Editions (o.O. 2019)

Die weitere historische Entwicklung im 20. Jahrhundert lässt aber zunächst noch keine Verbesserungen im Leben der Frauen erkennen. Nach dem Ende des 1. Weltkriegs wurde zwar in den meisten Ländern endlich das Frauenwahlrecht durchgesetzt, aber auch bei diesem Thema bleiben gerade in England die Männer bevorzugt. 1918 wird gesetzlich bestimmt, dass Frauen erst mit 30 Jahren wählen dürfen, während alle Männer mit 21 Jahren wahlberechtigt sind. Erst zehn Jahre später wird das Wahlrecht der Frauen gleichgestellt. Aber das führte nicht zur größten politischen Wende aller Zeiten wie im utopischen „New Amazonia", sondern in der weiterhin von Männern und ihren Interessen beherrschten Welt entwickeln sich in Europa tyrannische Diktaturen. Bei den literarischen Utopien von Autorinnen bringt eine engagierte Engländerin in den politisch bewegten 30er Jahren zwei gegensätzliche gesellschaftliche Entwürfe zum Verhältnis von Männern und Frauen zu Papier.

Katharine Burdekin (1896–1963)
[*aka* Murray Constantine]

Swastika Night 1935, publ. 1937
The End of This Day's Business 1935, publ. 1989

Die englische Schriftstellerin stammte aus einer wohlhabenden Familie, besuchte bis 1913 das Cheltenham Ladies' College, und 1915 heiratete sie einen australischen Juristen, von dem sie sich 1922 trennte. Sie lebte gemeinsam mit ihren zwei Töchtern und einer Partnerin in Cornwall und begann literarische Texte zu schreiben. Sie verfasste eine große Anzahl von Romanen, von denen einige in den 30er Jahren unter dem Pseudonym Murray Constantine veröffentlicht wurden, doch die meisten ihrer stets in kurzen Zeitspannen intensiver Arbeit entstandenen Werke blieben zu Lebzeiten unpubliziert. In der politischen Situation ihrer Gegenwart vertrat sie eine entschiedene Gegenposition zu den wachsenden faschistischen Bewegungen. Ihr zentrales Interesse galt in mehreren Werken den Rollen von Männern und Frauen in der Gestaltung der Gesellschaft. Zwei im Jahre 1935 verfasste Romane zeigen konträre utopische Vorstellungen, eine männlich beherrschte Dystopie „Swastika Night“ und eine weiblich beherrschte „The End of this Day's Business“, die mit der Hoffnung auf eine gleichberechtigte Zukunft ausklingt.

„Swastika Night“, die Hakenkreuz-Nacht, spielt in einer Zukunft, in der die Nazi-Herrschaft einen großen Teil der Welt seit 700 Jahren unterworfen hat, ganz Europa ist vereinigt und betet Hitler an als einen blonden riesigen Staats-Gott, der in einer Heiligen-Kapelle verehrt wird und dessen Wiederkunft im Kriegsglanz man erbetet. Andere Religionen sind abgeschafft, die Juden wurden alle vernichtet, von den verachteten Christen leben nur noch wenige am Rand der Gesellschaft. Die Männer lieben nur Männer, alle Frauen wurden total unterworfen und entrechtet, sie leben in Herden wie die Kühe und sind nur zur Produktion von Söhnen geduldet, sie müssen ihren Kopf kahl scheren, graue Kittel anziehen und gelten als minderwertig. Bei den herrschenden Männern gibt es drei Klassen: Ritter, Soldaten und Volk, das nicht lesen kann, denn alle Bücher wurden vernichtet.
Nach einem Hitler-Gottesdienst treffen sich zwei alte Freunde, der Landarbeiter Hermann, der früher in England arbeiten musste, und der englische Luftfahrt-Techniker Alfred, der eine Tour zu deutschen Nazi-Heiligtümern macht. Alfred kann lesen und ist klug, Hermann ist froh, wieder in seiner Nähe zu sein. Als Hermann sieht, wie ein junger Chor-Sänger, der beim Hitler-Gottesdienst gesungen hat, sich begeistert auf ein minderjähriges Christenmädchen wirft, stürzt er sich vor Wut auf ihn, weil er die männliche Reinheit befleckt und schlägt ihn halb tot. Alfred kommt dazu, der Junge wird auf einem Lastwa-

gen ins Krankenhaus geschafft. Der in Hermanns Gegend herrschende Ritter von Hess hatte die Musik mit dem Sänger arrangiert, und der Angreifer muss sich vor ihm für seine Tat verantworten und eine gerichtliche Erklärung abgeben. Da der Ritter auch in England tätig war, interessiert er sich für Alfred, er lässt sich von ihm in seinem Privatflugzeug über München fliegen und lädt Alfred und Hermann am nächsten Tag in sein Haus ein. Er erzählt aus seiner Familiengeschichte, dass die Ritter von Hess über viele Generationen vererbte geheime Dokumente aus der Vergangenheit besitzen, das wichtigste ist ein echtes Foto von Hitler. Zum Entsetzen der Anbeter wird darauf sichtbar, dass der strahlende Gott Hitler in Wirklichkeit klein, dunkelhaarig und fett war, auf dem Foto blickt er bewundernd auf ein blondes Mädchen mit langen Zöpfen. Der alte Ritter bewahrt außerdem heimlich ein Buch von einem seiner Vorfahren, in dem die wirkliche Geschichte der Menschheit überliefert wird, die inzwischen von den Nazi-Mythen ausgelöscht wurde. Da seine drei Söhne bei einem Flugzeugabsturz umgekommen sind, will er als letzter seiner Familie, dass Alfred, der als Techniker lesen kann, dieses Buch für die Zukunft bewahrt. Alfred und Ritter von Hess führen im weiteren Verlauf des Romans ausführliche Gespräche über Politik, die bei beiden eine kritische Position gegen die Hitler-Herrschaft erkennen lassen. Als Alfred wieder nach England zurückkehrt, darf Hermann ihn begleiten. Für die Erbstücke des Ritters sucht Alfred ein gutes Versteck. Zunächst trifft er seine Söhne und hört, dass Ethel, die Frau, mit der er ein Kind gezeugt hat, eine Tochter geboren hat. Als er sie im Frauenquartier aufsucht, entschuldigt sie sich unterwürfig, ein Mädchen geboren zu haben. Doch Alfred nimmt ganz unerwartet das Kind in den Arm und entwickelt eine achtungsvolle Beziehung zur neugeborenen Tochter. Mit seinem Sohn Fred will er die geheime Erbschaft des Ritters nach Stonehenge bringen, wo sie zur Bewahrung in einem Unterstand neben Skeletten unter einem Stein vergraben werden soll. Als eine Gruppe von Nazi-Soldaten in der Nähe eine Telefonleitung repariert und ihr Lastwagen versagt, gehen sie zu Fuß, überraschen einen Jungen auf Hasenjagd, und dadurch wird das Versteck offengelegt. Die Soldaten dringen ein, Alfreds Sohn kann noch mit dem Buch fliehen, aber Hermann und Alfred werden neben den Skeletten entdeckt. Hermann wird sofort erschossen, Alfred schwer verletzt und er erfährt auf seinem Sterbebett im Krankenhaus, dass Fred das Buch gerettet und dem alten Christen Joseph zur Bewahrung anvertraut hat.

Das für die Autorin zentrale Thema der Geschlechterbeziehungen stellt hier den Horror der reinen Männerherrschaft und Frauenverachtung in den politischen Rahmen der drohenden Gefahr durch den Aufstieg der Nazis in Deutschland. Es ist erstaunlich, wie ein zwei Jahre nach Hitlers Machtüber-

nahme geschriebenes Werk bereits Umrisse des Männerkults in Organisationen wie SA und SS verdeutlicht, wie das Hakenkreuz allgegenwärtig wird und wie das Menschheitsverbrechen des Massenmords an den Juden hier schon als geschehen gilt. Das Buch wurde 1937 in England veröffentlicht, als in Deutschland die Hitlerverehrung der Bevölkerung anwuchs.
Im Buch ist der Ritter von Hess auch nach Jahrhunderten der Nazi-Herrschaft überzeugt, dass er die Quellen der Geschichte gegen die tyrannische Auslöschung bewahren muss. Im Gegensatz zur staatlich verordneten Frauenverachtung erweckt die Geburt einer Tochter im Engländer Alfred die Vorstellung, das Verhältnis der Geschlechter zu ändern. Es bleiben also am Ende des Romans zwei Stimmen gegen die totale Dystopie der Politik und Gesellschaft der Zukunft bestehen.

Der zweite von Burdekin auch 1935 geschriebene, aber erst 1989 aus ihrem Nachlass publizierte Roman „The End of this Day's Business" spielt im zukünftigen Jahr 6250 und dreht die Geschlechterbeziehungen vollkommen ins Gegenteil. In einer von Frauen beherrschten Gesellschaft werden die Männer unterdrückt und entrechtet. Männer und Frauen leben getrennt, die Männer sind ungebildet, treiben Sport und verrichten körperliche Arbeiten. Kleine Kinder sind bei ihren Müttern, die in Gruppen leben, Jungen ziehen nach dem 14. Jahr in Internatsschulen, wo sie lernen, Männer zu sein, Mädchen sind heilig und dürfen nicht berührt werden. Im Alter von 17 werden sie durch eine Initiationszeremonie zu Frauen erklärt, eine runde Haarspange, die ihr langes Haar aus dem Gesicht hält, kennzeichnet sie als Symbol. Frauen erfahren, wie sich die Geschichte der Menschen entwickelt hat, doch vor dem Rat der Frauen müssen sie einen Schwur ablegen, dass sie niemals mit Männern über ihr Wissen sprechen. Um Kenntnisse über die Vergangenheit zu bewahren, haben die Frauen alle Bücher über Wissenschaft und Kulturen ins Lateinische übersetzt, die Männer sind davon ausgeschlossen.
Die Handlung beginnt am Maifeiertag, an dem in England überall Volksfeste mit Sportveranstaltungen und Freudenfeuern den Frühling feiern. Der junge Sportsmann Neil trifft die Künstlerin Grania, die er als Schwester seiner Mutter kennt und verehrt. Bei einem Gespräch im Garten des alten Andreas gesteht Grania ihm, dass er ihr Sohn ist, den sie als Einjährigen ihrer Schwester Carla anvertraut hat, um ein freies Leben als Künstlerin zu führen, und der alte Andreas ist sein Vater. Als Neil sie in ihrem Studio besucht, erklärt ihm Grania, wie unterschiedlich sich die Psyche auf die unterdrückten Männer und die herrschenden Frauen auswirkt, und dass früher dieses Verhältnis genau umgekehrt war. Sie möchte die Ungleichheit überwinden und regt ihn an, mit Männern darüber zu sprechen. Aber wenn eine Frau das erfährt, besteht die Gefahr,

dass Grania angeklagt und zum Tode verurteilt wird, weil sie ihren Schwur gebrochen hat. Sie zeigt dem erstaunten Sohn ein Gemälde aus frühen Zeiten, das von einem Mann gemalt wurde. Der Fehler bei der Männervorherrschaft lag in ihrer Eitelkeit und Arroganz, bei den Frauen liegt es an ihrem Stolz. Die Männerherrschaft war immer emotional, sie führten Kriege und setzten einen männlichen Gott voraus oder die gottgegebene Überlegenheit einer Nation. Als Reaktion darauf entwickelte sich eine Frauenbewegung, in der die Machtverhältnisse verändert wurden. Um Neil aus seiner Unwissenheit herauszuführen, gibt ihm Grania einen ausführlichen Bericht über historische Abläufe in früheren Zeiten. Sie erklärt ihm besonders zwei gegensätzliche Bewegungen, die negative der Faschisten und die positive der Kommunisten, die heftig um die Weltherrschaft gerungen haben. In ihre Erzählung werden Elemente der wirklichen politischen Auseinandersetzungen am Anfang des 20. Jahrhunderts eingebunden. Grania setzt den Bericht fort mit dem Aufstieg der Frauen, die nach 120 Jahren kommunistischer Herrschaft die Bedeutung der Väter herabsetzen, weil sie nach dem Ende aller schrecklichen Kriege nicht gebraucht werden. Die Frauen gründeten eine Geheimgesellschaft, die sich über die ganze Welt ausweitete. Nichts von ihren Kenntnissen darf Männern bekannt werden, sie bleiben aus dem Bereich der Bildung vollkommen ausgeschlossen, während die Frauen über eine Welt ohne Krieg herrschen. Doch die Künstlerin Grania hat aus ihrer Beschäftigung mit Kunst und der historischen Vergangenheit die Überzeugung gewonnen, dass man den Antagonismus der Geschlechter überwinden muss, deshalb will sie ihren Sohn aufklären und er soll sein neues Wissen unter Männern weiter verbreiten. Ihre Verschwörung fliegt auf, sie wird angeklagt, ihren Schwur gebrochen zu haben, und muss gemeinsam mit dem Sohn vor das höchste Frauengericht in München. Dort hatte Grania früher an der Kunsthochschule studiert, und jetzt ist ihre alte Münchner Freundin Anna Generalsekretärin am Gericht für Europa. Die beiden reden zunächst über England und Deutschland, und am nächsten Tag wird Grania vor Gericht gestellt. Sie hat ein schriftliches Geständnis abgelegt und wird zum Tode durch Vergiften verurteilt. Als Symbol des gebrochenen Schwurs gibt sie ihre Haarspange ab, aber sie kann noch ein letztes Gespräch mit ihrem Sohn führen. Zu seiner Verwunderung erklärt sie, dass sie ihren Kampf nicht als gescheitert betrachtet, sie ist überzeugt, ihre Freundin Anna wird in Zukunft weiter für die neue Welt kämpfen. Erst trinkt Neil, dann Grania das bereitgestellte Gift. Da der Romantitel „The End of this Day's Business" eine Zeile aus Shakespeares „Julius Caesar" aufnimmt – am Ende der ersten Szene des fünften Akts ruft Brutus aus: „Oh, wüsste doch ein Mensch / das Ende dieses Tagwerks, ehe es kommt!" – kann Grania mit ihrem letzten Satz dieses Zitat abschließen: „So the end is known", nun kennt man das Ende.

Die Umkehrung der Geschlechterherrschaft bringt gegenüber den Auswüchsen an Gewalt bei den Männern, die Burdekin in „Swastika Night" vorgeführt hat, einen deutlichen Gewinn an Menschlichkeit, weil die vereinigte Welt ohne nationale Machtkämpfe in Frieden lebt. Das hier unterworfene Geschlecht der Männer ist nicht so verachtet und entrechtet wie die Frauen im Nazi-Reich, sie dürfen immerhin Sport treiben und müssen keine Zwangsarbeit verrichten. Doch es ist keine wirklich gelungene Eutopie, die in dieser Zukunftswelt entstanden ist, denn die Teilnahme an Wissen und Kultur, die den Männern komplett verweigert wird, erniedrigt nicht nur die eine Hälfte der Menschheit. Grania, eine Künstlerin und erfahrene Kennerin von historischen Abläufen, politischen Systemen und psychologischen Erkenntnissen, spürt auch die emotionalen Beschränkungen, die den völlig rationalen und ständig disziplinierten Frauen aus dieser Trennung erwachsen. Deswegen kann nach ihrer Vorstellung nur eine Gleichstellung von Männern und Frauen zu einer wirklich menschlichen Gesellschaft führen, wenn sich beide Geschlechter in ihren Fähigkeiten und Begabungen ergänzen. Auch die Frauenherrschaft im Jahr 6250 muss Grania als Stimme der Autorin am Ende noch hoffen lassen, dass die weitere Entwicklung der Menschheit künftig solche Schritte zu einer gerechteren Verteilung fördern wird.

Katharine Burdekin [aka **Murray Constantine**]
Swastika Night (London 2016)
The End of This Day's Business (New York 1989)
© The Estate of Katharine Burdekin 1989

Doch in der historischen Wirklichkeit führte die Diktatur der Nationalsozialisten in Deutschland zum Ausbruch eines menschenvernichtenden Weltkriegs, der das Leben von Männern und Frauen in allen Ländern bedrohen sollte. Vor dem Hintergrund dieses bereits begonnenen Horrors schreibt eine pazifistische Schwedin eine Dystopie des Schreckens.

Karin Boye (1900–1941)

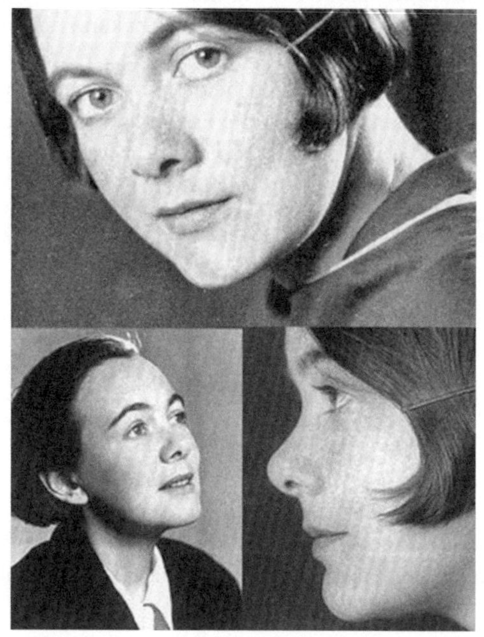

Kallocain 1940

Karin Boye wurde 1900 geboren, lebte in Stockholm, studierte in Uppsala Philosophie und arbeitete als Journalistin. Sie war entschiedene Pazifistin und lebte in einer lesbischen Beziehung, im literarischen Bereich schrieb sie Gedichte und übersetzte mit T.S. Eliots „The Waste Land“ von 1922 einen Meilenstein der Versdichtung der Moderne ins Schwedische. Nachdem sie ihren späteren Roman „Kallocain“ abgeschlossen hatte, beging sie im April 1941 Selbstmord. Der Schriftsteller Peter Weiss, der im schwedischen Exil lebte, kannte sie persönlich, und am Anfang des dritten Bandes seiner „Ästhetik des Widerstands“ berichtet er, dass sie sich dem Schreiben wie einer religiösen Aufgabe näherte und der Roman, den sie im Zustand einer einzigen Eingebung schrieb, für sie die Krönung eines langen Weges durch die Sprache bedeutete.

Der 2. Weltkrieg steht noch am Anfang seiner Schrecken, als sie 1940 ihre negative Utopie „Kallocain“ veröffentlicht, die viele Parallelen zu George Orwells späterem „1984“ aufweist. Ich-Erzähler ist der Chemiker Leo Kall, er lebt zu einer Zeit im totalitären „Weltstaat“, als außer diesem nur noch der feindliche „Universalstaat“ existiert. Im Weltstaat leben alle Menschen, die stets als „Mitsoldat“ bezeichnet werden, in unterirdischen, nur auf eine Funktion beschränkten Städten, seine ist die Chemiestadt Nummer 4. Leo hat eine Ehefrau Linda und drei Kinder, die aber in staatlichen Kinderlagern leben und nur bei reglementierten „Familienabenden“ zu den Eltern kommen. Der Staat überwacht das gesamte Leben, nicht nur beim ständigen „Polizei-“ oder „Militärdienst“, auch in den Wohnungen der Frauen und Männer ist ein „Polizei-Auge“ und „Polizei-Ohr“ zur Kontrolle angebracht. Beim Verdacht auf mangelnde Staatstreue wird man verhaftet, und es wird gefoltert, um ein Geständnis zu erzwingen. Dem Chemiker Leo Kall ist es gelungen, eine flüssige Wahrheitsdroge zu erfinden, die schon erkennen lässt, was ein Mensch denkt, bevor er handelt, und dadurch könnte die Folter überflüssig werden. In den ersten Experimenten, die Kall mit seinem Kontrollchef Edo Rissen durchführt, äußern die Menschen nach der Injektion ihre geheimsten Gedanken, bedrängende Ängste und beglückende Träume, die keinen Platz im Weltstaat haben können, und es stellt sich bald heraus, dass „kein Mitsoldat über Vierzig ein richtig reines Gewissen hat.“ Der Staat ist an der Erfindung der Droge „Kallocain“ interessiert, denn nun kann das Misstrauen gegen alle „Staatsfeinde“ noch effizienter umgesetzt werden, wenn jeder jeden denunzieren kann, der sich dann durch den Einblick in seine verborgenen inneren Gedanken als schuldig erweist. Wenn die verschiedenen Kandidaten unter Einwirkung der Droge ständig ihre Sehnsucht nach Vertrauen zu anderen und nach der Geborgenheit in einer Gemeinschaft gestehen, wenn sie sich nach individuellen Gefühlen ohne Angst vor Kontrolle sehnen, dann erkennt der Erfinder nach und nach seine eigenen quälenden Zweifel am staatlichen System, die er bisher unterdrückt hat. Zunächst befürchtet er, seine Frau Linda habe ein Verhältnis mit seinem Chef Rissen, und er denunziert ihn als Staatsfeind und injiziert ihr sein Kallocain. Die furchtlos offenen Geständnisse dieser beiden für ihn nächsten Menschen bewirken eine zunehmende Veränderung seiner Haltung zum Staat. Zuerst bekennt Linda, dass sie ihn zwar in dem erzwungenen Angstsystem gehasst hat, weil sie ihm alle persönlichen Stimmungen und Gefühle verschweigen musste, aber sie erklärt ihm nun, dass sie ihn trotzdem liebt und nicht Rissen. Danach vertraut sie ihm an, wie ihre Schwangerschaften und das Leben ihrer drei Kinder sie erfahren ließen, dass in ihr etwas geschaffen wurde, das ganz sicher nicht dem Staat gehören und auch nicht von ihm geformt werden kann. Kall hört ihr atemlos zu und denkt: „hier ist alles, wogegen ich gekämpft habe“, er fühlt sich von ihrem klaren Bekenntnis gestärkt und mit ihr fest verbunden. Nun will er seinen von ihm denunzierten Chef retten, doch es ist zu spät. Er muss erleben, wie Rissen in würdiger Haltung in seinem angstlosen Geständnis vor der angeordneten Hinrichtung offen bekennt, wie das Zwangssystem in diesem Staat jede Möglichkeit der Entwicklung einer menschlichen Gemeinschaft zerstört hat. Darauf will der erschütterte Leo Kall sein Leben verändern und mithelfen, eine neue Welt zu schaffen. Gerade im Moment seiner Wandlung wird der Weltstaat urplötzlich in einem Überraschungsangriff vom Universalstaat brutal angegriffen und schnell besiegt. Leo Kall wird als Gefangener in ein Chemielabor gebracht und muss nun für die neuen Tyrannen mit seiner Droge weiterarbeiten. Doch am Schluss heißt es, wenn er nachts die Sterne leuchten sieht und den Wind hört, kann er aus seiner Seele nicht die Illusion vertreiben, er „könnte trotz allem noch mithelfen, eine neue Welt zu schaffen.“

Dieses in so hoffnungslosen Zeiten der Kriegsgewalt geschriebene Werk beschreibt in grausamer Deutlichkeit das menschenverachtende System einer totalitären Militärdiktatur, das sowohl den Ich-Erzähler Leo Kall als auch alle Personen und Einrichtungen seiner Umwelt fest im Griff hält. Auch in diesem Schreckensszenario lässt die Autorin jedoch die Spuren utopischer Vorstellungen aufscheinen, denn die chemische Wahrheitsdroge, die zunächst geschaffen wurde, um den barbarischen Staat in seinem Wüten zu unterstützen, erweist sich dann in ihrem Wirken als Quelle der Bewahrung humaner Werte. Wie jedes Geständnis nach der Injektion seiner Droge belegt, haben auch die härtesten staatlichen Verbote und Drohungen die Sehnsucht der Menschen nach Freiheit und Freundschaft, nach Vertrauen und Gemeinschaft nicht zerstören können. Durch die Überzeugungskraft der von ihr vermittelten Bekenntnisse führt die Wahrheitsdroge Kallocain ihren Erfinder zum Widerstand gegen die Erniedrigung der Menschen und zur Hoffnung auf eine bessere Welt.

Karin Boye
Kallocain
(Reclam Leipzig 1992)

Nach dem Ende des 2. Weltkriegs dauert es etwa zwei Jahrzehnte, bis in der zweiten Hälfte des 20. Jahrhunderts wieder Utopien von schreibenden Frauen erscheinen. Ab den späten 60er Jahren zeigen sich darin verstärkt neue Formen und veränderte Themen. Die meisten Werke stammen aus den USA und für einen kleinen Einblick sollen hier aus der großen Fülle einige Beispiele kurz vorgestellt werden. Gemeinsam ist diesen Romanen eine Verschiebung des Wunschlandes, das früher oft am Rand der bekannten Welt lag, hinaus in den unermesslich weiten Weltraum, insofern sind es auch „Science Fiction"-Romane, bei denen utopische Vorstellungen vom Leben der Gesellschaft nicht nur in imaginäre Zeiten, sondern auf imaginäre Himmelskörper verlegt sind. In den früheren Utopien von Frauen wurde die Bewahrung der natürlichen Umwelt meist als grundlegende Voraussetzung für die reichhaltige und gesunde Ernährung der Bewohner genannt, doch jetzt zeigt sich die Natur ganz neuen Gefahren ausgesetzt. Zerstörung durch atomare Waffen, Schäden durch die Industrialisierung und den Massenkonsum stark anwachsender Bevölkerungen bedrohen das Überleben aller Produkte der Natur. Die Gleichberechtigung von Frauen und Männern bleibt auch auf fernen Planeten ein wichtiges Wunschziel, aber inzwischen hat sich in mehreren Ländern eine aktive politische Bewegung des Feminismus entwickelt, und die mit starkem Medienecho geäußerten Forderungen der Frauen ziehen bald auch in die literarischen Werke ein und geben den gewohnten Rollen von beiden Geschlechtern ein neues Profil in den imaginären Welten.

Ursula Kroeber Le Guin (1929–2018)

The Left Hand of Darkness 1969
The Dispossessed 1974

Die Amerikanerin Ursula Kroeber Le Guin schrieb neben ihrer Universitätstätigkeit in der Literaturwissenschaft mehr als fünfzig Bücher, eine ganze Reihe ihrer vielgelesenen science-fiction Romane handelt von der erfundenen Welt „Hainish".

In diesem Zyklus erschien 1969 „The Left Hand of Darkness". Die Handlung beginnt mit der utopisch friedlichen Weltkonföderation Ekumen, die vom Planeten Terra aus den Botschafter Genly Ai zum Planeten Gethen schickt. Dort soll er für einen Beitritt zu dem intergalaktischen Bund werben. Auf Gethen gibt es die Nationen Karhide und Orgoreyn mit verfeindeten politischen Systemen, klimatisch ist es ein eisiges Winterland mit doppelgeschlechtlichen Bewohnern, die ohne sexuelle Beziehungen leben und weder Männer noch Frauen sind. Nur einmal im Monat während einer Periode, die „kemmer" genannt wird, wandeln sie ihre Identität abwechselnd zur Existenz als Mann oder Frau, um in dieser Zeit die Fortpflanzung zu ermöglichen. Der Botschafter Genly trifft den Premierminister Estraven, reist mit ihm durch die gegensätzlichen Kulturen, unter großen Gefahren überqueren sie den eisigen Gobrin-Gletscher und sind politischen Verfolgungen ausgesetzt. Als Estraven sich während des „kemmer" zur Frau wandelt, ist Genly bestürzt und findet diese elementare Veränderung eher befremdlich. Estraven wird später von der feindlichen Gruppe umgebracht, und Genly versteht erst dann, dass er einen Freund verloren hat, der seine Friedensbotschaft unterstützte.

Im Buch werden die imaginären Orte und Figuren in detaillierter Fülle beschrieben, der Bericht des Botschafters Genly wechselt kapitelweise mit Tagebüchern von Estraven, dazwischen stehen Texte über die Mythen und Legenden des Planeten Gethen. Bei den utopischen Themenbezügen ist besonders das doppelte, hermaphroditische Geschlecht der Menschen wichtig, das schon in der Antike als aufregendes Wunder galt. Im Roman ist es nicht – wie Aristophanes in seiner Rede in Platons „Gastmahl" erzählt – in der äußeren Gestalt präsent und die Menschen müssen daher nicht geteilt werden. Es gibt auch keine zeitliche Verwandlung aus dem festen Bild vom Mann zur Frau und wieder zurück, wie es Ovid im 3. Buch der „Metamorphosen" von Tiresias berichtet, sondern die neutralen Bewohner von Gethen wandeln sich hier von selbst in einem biologischen Zyklus und werden mal zu Männern und mal zu Frauen. Sie sind also im genauen Wortsinn Transgender-Personen, und diese Vorstellung vom Gleiten zwischen gleichwertigen, aber flexiblen Geschlechter-Rollen hat bis in die Gegenwart zu großem Interesse geführt. Dem Besucher vom anderen

Planeten gelingt es aber erst ganz am Ende, die elementare Verschiedenheit zu akzeptieren. Im 16. Kapitel wird im Gespräch bei der Gipfelüberquerung das Lied aus der mythologischen Überlieferung zitiert, dessen Kern im Titel des Romans enthalten ist: „Das Licht ist nur die linke Seite der Dunkelheit, und die Dunkelheit die rechte Seite des Lichts" (p.252). Die zentrale Botschaft dieser Utopie ist, dass die Menschen lernen müssen, ungewohnte Unterschiede zu verstehen und zu akzeptieren, sie führt am Schluss die beiden verfeindeten Gemeinschaften zum Beitritt des Bundes von Ekumen.

Am berühmtesten in Le Guins Reihe ist „The Dispossessed" – die Enteigneten –, der Roman von 1974. Auch hier handelt es sich um zwei Planeten, die gegensätzliche politische Systeme repräsentieren, Urras und Anarres. Die Bewohner von Anarres haben Urras nach einer Revolution vor 200 Jahren verlassen, seitdem leben sie auf ihrem ökologisch kargen Planeten in einer anarchischen Ordnung ohne Hierarchie und persönlichen Besitz. Die Bedürfnisse der Gemeinschaft stehen über den privaten Wünschen. Auf Urras dagegen gibt es kapitalistisch konkurrierende autoritäre Staaten mit hoch entwickelter Technik. Hauptfigur des Romans ist der Physiker Shevek, der auf Anarres eine allgemeine Theorie der Zeit entwickelt hat, die aber vom neidischen Kollegen Saboul als gesellschaftsfeindlich hingestellt wird. Während einer bedrohlichen Dürreperiode muss Shevek vier Jahre lang seine Forschung aufgeben und in der Landwirtschaft beim Bewässern arbeiten. Danach erreicht ihn eine Auszeichnung für seine Theorie vom Planeten Urras. Zwar gilt das für einige Menschen auf Anarres als Verrat, doch er bricht auf in diese Gegenwelt und kommt an eine Universität, deren Forscher aus seiner Erkenntnis ein Überschall-Luftschiff entwickeln wollen. Obwohl Shevek sehr viel Ehre und Achtung zuteil wird, stößt ihn schon bald das gesellschaftliche Leben mit seinen hierarchischen Ordnungen und traditionell festgelegten Verhaltensregeln ebenso ab wie die vor allem auf kapitalistischen Profit zielende Ausrichtung der Wissenschaft. Er nimmt Kontakt zu einer revolutionären Gruppe auf und schließt sich ihren Protesten an. Schließlich flieht er in die Botschaft von Terra und bittet, dass seine neue Theorie von dort aus in die ganze Welt verbreitet wird und nicht nur von den Wissenschaftlern auf Urras finanziell ausgebeutet. Die Leute von der Botschaft organisieren für ihn eine gefahrlose Heimkehr, und im letzten Kapitel entschwebt er in einem Raumschiff zurück nach Anarres.
Die gegensätzlichen Gemeinschaften auf den beiden Planeten lassen die utopischen Züge von Anarres deutlich hervortreten. Statt sich allein auf wirtschaftlichen Profit und gesellschaftliche Rangordnungen auszurichten, folgen alle Bewohner seit zweihundert Jahren den entschiedenen Grundsätzen der Gründungsmutter Odo, deren entschlossene Abkehr von der kapitalistischen

Männerherrschaft auf Urras die Auswanderung auf den Gegenplaneten angeregt hat. Ihre mütterliche Vorstellung von menschlich angemessenen Lebensformen setzt voraus, dass eine Gemeinschaft aus gegenseitiger Hilfe hervorgeht und keine regulierenden Gesetze braucht, weil alle aus innerer Überzeugung die notwendigen Arbeiten verrichten. Die Abkehr vom privaten Besitz macht sogar den Gebrauch von „mein" und „dein" überflüssig. Der Planet erlaubt keine ertragreiche Landwirtschaft und seine gesamte Wirtschaftskraft ist schwach, aber alle sind einsichtig und bereit, freiwillig ihre Nahrungsmittel und Konsumgüter einzuschränken. Dennoch ist Anarres kein reiner Idealstaat, weil hier nicht alle autoritären Gefahren überwunden sind. Auch in dieser Gemeinschaft müssen Einrichtungen wie Fabriken und die Einkommensquellen der Bergwerke funktionieren, die Bildung braucht Planer und Organisatoren. Bei den dafür Verantwortlichen sind die Motive wie Neid und Machtgier nicht verschwunden, das zeigt sich an der Kritik von Sheveks Theorie durch den Physiker Saboul. Viele fürchten sich auch vor der schlechten Meinung ihrer Mitmenschen, dass sie von der Gesellschaft als Egoisten abqualifiziert werden. Das Beispiel von zwei jungen künstlerisch Tätigen macht deutlich, dass individuelle Begabung in Konflikt mit den Gewohnheiten der Mehrheit geraten kann. Doch im ganzen erweisen sich die Überzeugungen der Gründungsmutter Odo als stärker, danach hat jedes Individuum keinem Gesetz zu folgen, sondern verantwortet sein eigenes Handeln. Aus ihrer anarchischen Tradition gewinnen die Bewohner von Anarres Hoffnung und Kraft, ihren Freiheitsanspruch zu verteidigen.

Ursula Kroeber Le Guin
The Left Hand of Darkness
(New York, 1969)
The Dispossessed
(New York 1974)

Bei den Nachrufen auf die Schriftstellerin Ursula Le Guin wurde 2018 in mehreren Zeitungen darauf hingewiesen, dass die utopischen Themen dieses Romans über Jahrzehnte bis in die Gegenwart aktuell geblieben sind, das gilt sowohl beim Konsumverzicht bei Ernährung und Warenwirtschaft als auch bei der Bewahrung der ökologischen Voraussetzungen der Umwelt. Auch weitere Frauen-Utopien aus der zweiten Hälfte der 70er Jahre nehmen die von ihr zuerst geäußerte Kritik an Verschwendung und Umweltzerstörung auf, wie die folgenden Beispiele zeigen. Damit wird mehrfach eine Anklage der Frauen gegen die Entrechtung durch die Männer verbunden, die beim nächsten Beispiel aus Frankreich sogar einen Geschlechterkrieg mit Ausrottung der Männer ins Spiel bringt.

Françoise d'Eaubonne (1920–2005)

Le Satellite de l'amande 1975
Das Geheimnis des Mandelplaneten 1978

Die französische Schriftstellerin veröffentlichte viele Romane, sie war eine engagierte Frauenrechtlerin, die den Begriff „Ökofeminismus" prägte und eine homosexuelle Bürgerrechtsorganisation gründete.

Die Handlung spielt im Jahr 100 des „Ektogenetischen" Zeitalters, in dem nur noch Frauen in einer weltweit vereinigten Zivilisation leben. Die Männer sind in einem blutigen Geschlechterkrieg vernichtet worden, ihre Industrie hatte die gesamte Welt verseucht, die Böden starben an Pestiziden, der Ozean lag im Sterben, es gab gefährliche Kernkraftwerke, während die Frauen jetzt Sonnenenergie nutzen. Die vorausgegangene Epoche der Finsternis war ein Zeitalter der „Befruchter" und musste überwunden werden. Die goldene Inschrift „Delendus est animus" am Türgiebel des höchsten Ausbildungs-Kollegs verweist darauf, dass die letzten der Männer durch die Revolution der Frauen ausgerottet wurden. „Die Seele der Frauen strebt zu dem möglichen, wenn nicht sogar erreichbaren Unendlichen hin. Das Unendliche sind wir, das Unendliche ist Anima".

Die Frauen bringen durch Parthenogenese genügend Töchter hervor, sie haben eine hierarchisch geordnete Zivilisation entwickelt, die Wissenschaften und Künste zu höchsten Leistungen geführt hat. Die Handlung beginnt, als die Ich-Erzählerin „Führerin Ariane" mit einer Gruppe von „Uranautinnen" zu einer Raumschiff-Expedition auf den Mandelplaneten aufbricht. Ihr Ziel ist zu klären, wo und wie sich dort vor Jahren der katastrophale Unfall ihres Raumschiffs Semiramis ereignete, das den Planeten erkunden sollte. Zur Expeditionsgruppe gehört die Topographin Concepcion, die als einzige dieses Unglück überlebte, aber dabei ihre Tochter Dorothy verloren hat. Die Besatzung erforscht die in nummerierte Zonen eingeteilten Areale des Planeten mit allen Höhlen und Schlünden, Bergen und Erhebungen. Sie stellen fest, dass die aufgehende Mandelsonne auf diesem Planeten bewirkt, dass sich die riesige Masse eines Megalithen ganz plötzlich aufrichtet. Ein von dieser Bewegung ausgehender Stoß hat damals das Raumschiff Semiramis zerschmettert, dessen Bruchstücke aufgefunden werden. Beim Verschwinden des Gestirns liegt der Megalith wieder am Boden. Die Expeditionsteilnehmerinnen beschließen, das Geheimnis dieses Riesensteins aufzudecken, indem sie den gesamten Planeten zur Erkundung umrunden. Auf den für ihre Untersuchungen nötigen langen Wegen erzählen sie sich Geschichten aus der Zeit der weiblichen Weltrevolution, bei denen sie an ihre kämpferischen Heldinnen aus allen Teilen der Erde erinnern. Sie kümmern sich nicht um gesunde Ernährung, schlucken oft Tabletten für und gegen den Schlaf, sie rauchen und konsumieren Haschisch und LSD. Die Ich-Erzählerin fühlt sich als Führerin nicht länger von Befehlsgewalt und Verantwortung beansprucht, sondern sie erklärt sich zur Priesterin der Phantasie. Es wird in den ausführlichen Beschreibungen der Landschaft indirekt angedeutet, dass der Mandelplanet im Prinzip einen männlichen Körper darstellt und die fortgesetzte Erkundung seiner Ebenen und Erhebungen mit allen Dünen, Wäldern, Schlünden und Plateaus führt die Frauen zu ihrer eigenen überwunden geglaubten Geschichte. Die Mutter der Topographin Concepcion hat Briefe bewahrt, die als Brückenschlag zwischen der Vergangenheit und Zukunft die Erinnerung retten. Ihr abschließender Dialog mit der Erzählerin deutet an, dass es früher Männer gab, die Frauenwissen aufnehmen konnten, man hätte ihnen vieles beibringen müssen, vielleicht hätte es andere Möglichkeiten gegeben als die Ausrottung. Als die beiden in ihren Helikopter steigen, schwingen Gewissheiten und Meditationen zu ihnen, himmlische Ebenen der verleugneten Möglichkeiten – ein Werden zeichnet sich ab, löst sich auf und wird zur unerfüllten Möglichkeit und die Wörter hören auf, gegeneinander Krieg zu führen. Zwar hat die Revolution der Frauen zu einer vereinigten utopischen Welt geführt und ihnen die bisher nur den Männern vorenthaltenen höchsten Leistungen in Wissenschaft und Technik zugänglich gemacht, aber die damit errungene Überlegenheit der feministischen Kultur führt in ein Reich, das sich eher in der Phantasie entfalten kann als in der Wirklichkeit.

Françoise d'Eaubonne
Le Satellite de l'amande
Das Geheimnis des Mandelplaneten (Reinbek 1978)
übersetzt von Uli Aumüller

Im Gegensatz zu solchen Vorstellungen beschreibt das nur ein Jahr später publizierte Buch einer Amerikanerin zunächst sehr kritisch die Zustände der gesellschaftlichen Wirklichkeit. Für die wirtschaftlich abgesicherten Menschen glänzen die Verhältnisse der Vereinigten Staaten, aber die in prekären Bedingungen lebende Heldin muss, um Kraft zum Überleben in den grausamen Bedingungen dieser Welt zu gewinnen, auf imaginären Ausflügen in die utopischen Zustände einer künftigen Traumwelt entschwinden.

Marge Piercy geb. 1936

Die amerikanische Autorin wurde 1936 geboren, sie wuchs in Detroit auf, studierte an der University of Michigan und engagierte sich früh in der Friedens- und Anti-Atom-Bewegung der Nachkriegszeit. Ihr umfangreiches literarisches Werk umfasst mehrere Gedichtbände und viele sozialkritische Romane.
Die Handlung von „Woman at the Edge of Time" beginnt in Spanish Harlem, der realen gegenwärtigen Großstadtwelt bitterer Armut, in der die 38-jährige Hauptperson lebt, sie ist die Frau an der Kante der Zeit. Connie hat ihr Kind geschlagen und wird in ein psychiatrisches Krankenhaus eingewiesen, weil sie zuletzt den brutalen Zuhälter ihrer Nichte Dolly verletzt hat. Dort wird sie in ein medizinisches Projekt eingebunden, bei dem ihr ein Gerät ins Gehirn eingesetzt werden soll, das Ärzten ermöglicht, aggressive Impulse auszuschalten. Während Connie in der realen Klinik unter Kontrolle des völlig empathielosen Personals ständig getestet wird, erweist sie sich in den endlosen Wartestunden auf die anstehende Operation als eine gute „Sendeperson". Sie erfährt eine Empfänglichkeit für imaginäre Botschaften, die ihren Kontakt zur utopischen Gegenwelt eröffnet. Die Zeit kippt um und in Connies Vorstellung erscheint Luciente, eine erstaunliche Person, die nach eigener Aussage im Dorf Mattapoisett in Massachusetts im Jahre 2137 lebt; zuerst wird Luciente noch als „he" bezeichnet, später als „she", denn in dieser erträumten Zukunftswelt der Gleichberechtigung sind die Geschlechter nicht mehr festgelegt, man benutzt zur Bezeichnung einer Person dort einfach „per". Connie kommuniziert immer öfter intensiv mit Luciente und unternimmt mit ihr imaginäre Ausflüge, bei denen sie jedes mal mehr über das utopische Gemeinwesen lernt, in dem der gentechnische Fortschritt eine ökologisch ausgerichtete Landwirtschaft inmitten prächtig blühender Natur geschaffen hat. Dort werden alle Menschen gut ernährt und versorgt, sie stellen gern ihre Arbeitskraft in den gemeinschaftlichen Dienst für die Pflege der Erde und das Leben der Tiere. Neben der Arbeit für das Gemeinwesen steht ihnen alle sieben Jahre ein „sabbatical" zu, eine persönliche Zeit, die für Fortbildung, Reisen oder künstlerische Tätigkeiten genutzt wird, auch die Musik wird hoch verehrt, man hört gern Bach und Beethoven oder singt und musiziert selbst mit neuen Rhythmen. Unangenehme Arbeiten im Haushalt werden von Automaten übernommen. Diese Gemeinschaft braucht keine Gesetze, sondern in ständigen Planungen und regen Diskussionen werden mögliche Machtkonflikte durch Kompromisse gelöst. Auch die gesellschaftlichen Rollen von Männern und Frauen sind von allen biologisch bedingten Festlegungen befreit, man braucht gar keine traditionellen Familien mehr, denn eine genau berechnete und kontrollierte Anzahl von

künstlich erzeugten Embryos wächst in Brütern heran, die Säuglinge werden von drei „Müttern“ aufgezogen, unter denen auch die Männer dem Nachwuchs die Brust geben können. In ihren ausführlich beschriebenen mentalen Ausflügen durch verschiedene Orte und Institutionen von Mattapoisett trifft Connie auf viele Gestalten, deren Charakter und Verhalten sie an Bekannte aus ihrer realen Welt erinnern, und sie lebt in einer ständigen Bewegung an der Kante, die sie zwischen dem wirklichen Aufenthalt im Krankenhaus und dem Entschweben in das utopische Gemeinwesen hin- und herkippen lässt. Nachdem Connie erfolglos versucht hat, aus der Klinik zu entfliehen, klingt der Roman damit aus, dass es ihr am Ende gelingt, genügend Kraft zu gewinnen, um sich an den unmenschlichen Bedingungen der psychiatrischen Institutionen zu rächen, indem sie den für diese Zustände Verantwortlichen ihren Pausen-Kaffee vergiftet.

Marge Piercy
Woman at the Edge of Time
(London 1979)

Durch den scharfen Kontrast zwischen der gesellschaftlichen Realität und der erträumten utopischen Gemeinschaft entsteht in diesem Roman eine deutliche Kritik an den politischen Verhältnissen im Lande der Autorin. Das betrifft allgemein die wirtschaftliche Situation einer unter kapitalistischen Bedingungen notleidenden Unterschicht. In Bezug auf die Gesellschaft wird die Vorherrschaft aggressiver Männer beklagt und besonders die Zustände in der medizinischen Versorgung, die nicht auf einfühlsame Hilfe für leidende Menschen ausgerichtet ist, sondern auf eine effiziente Anpassung an die vorherrschenden gesellschaftlichen Rollen. Während seltsame Einrichtungen der utopischen Gegenwelt Mattapoisett wie die Erzeugung von menschlichem Nachwuchs in technischen Brutgeräten bei der heutigen Leserschaft eher Ablehnung auslösen, gibt es bei anderen Aspekten wie einem „sabbatical“ zur Entfaltung persönlicher Interessen in Bereichen der Bildung und Kunst, vor allem aber bei der so entschieden auf Sorge für die Tiere und ökologische Nachhaltigkeit ausgerichteten Landwirtschaft Vorstellungen für eine wünschenswerte und genuin demokratische Gesellschaft, die seit der Entstehungszeit des Buches viele weitere Autorinnen angeregt haben und bis heute aktuell geblieben sind. Die ökologischen Aspekte bleiben ein zentrales Thema der 70er Jahre und sie spielen die entscheidende Rolle im Frauenland des folgenden Werkes.

Sally Miller Gearhart (1931–2021)

The Wanderground 1979

Die nächste Autorin stammt auch aus den USA, die 1931 geborene Sally Miller Gearhart vertrat als Universitätsprofessorin sowohl in ihren Aufsätzen aus den 70er Jahren als auch in ihrem literarischen Werk eine radikal feministische Position mit ihrer entschiedenen Empfehlung, Frauengemeinschaften grundsätzlich vom Zusammenleben mit Männern in der patriarchalischen Kultur zu trennen.

Ihre Utopie „The Wanderground“ besteht aus einer Abfolge von zwanzig verbundenen Geschichten ohne kontinuierliche Romanhandlung. Im Zentrum stehen Frauen, die im Wanderground leben, dieser Wunschraum ist eine Wildnis mit „Ensconcements“ – eine Art von versteckten und geschützten Landschaften – weit getrennt vom „Dangerland“. Jede Geschichte begleitet eine der Frauen, die meist sehr ungewöhnliche und phantasievolle Namen haben, entweder auf einer Reise, bei einer Begegnung oder bei einem mystischen Erlebnis. Für ihre Lebensweise benutzen die Frauen überhaupt keine technischen Hilfsmittel, vor allem aber können sie alle mit den dort lebenden Tieren und Pflanzen kommunizieren und praktizieren ständig Telekinese und Telepathie zur Verbindung mit anderen. Die Wunschzeit liegt weit in der nicht näher bezeichneten Zukunft nach einer „Revolte der Erde“, die eine Energie geschaffen hat, mit der die Ausbeutung der Natur und die Vergewaltigung von Frauen beendet wurde. In der Frauenwelt vom Wanderground gibt es keine Männer und keine Familien, alle Frauen sind vollkommen frei und müssen niemandem gehorchen. Viele der älteren Frauen sind aus der negativen Gegenwelt der „City“ entkommen, wo eine brutale Männerherrschaft die Menschen permanent elektronisch überwacht, wo Frauen sich ohne Begleitung von Männern nicht frei bewegen dürfen und Armut und Gewalt die Gesellschaft prägen. Um sich über die drohenden Gefahren aus der „City“ informiert zu halten, senden die Frauen für eine bestimmte Zeit der Rotation als Männer verkleidete Spioninnen dorthin. In der 18. Geschichte kommt es zu einer Begegnung mit den „Gentles“ – Männer ohne sexuelle Beziehungen zu Frauen –, sie wollen nun auch ein Leben ohne Gewalt versuchen, aber die Frauen bleiben gegenüber dem Angebot zur Zusammenarbeit misstrauisch. In der letzten Geschichte versammeln sich die Frauen, um die alte Artilidea beim Sterben zu begleiten und bei dieser Begegnung formulieren sie noch einmal ihre Aufgabe: „Zu arbeiten, als ob die Mutter Erde gerettet werden kann / Zu arbeiten, als ob unsere heilenden Kräfte nicht zu spät kommen“, dann umarmen sich alle und auch die Tiere schließen sich in den Kreis der Gemeinschaft.

Die utopischen Züge dieser weiblichen Gesellschaft im Wanderground bleiben ganz auf die Verbindung zur Natur und die enge Beziehung zu Tieren und Pflanzen konzentriert, aber weitere Einzelheiten über die Organisation der Lebensweise der Frauen werden kaum erzählt. Im Gegensatz dazu werden die destruktiven Grundlagen der Männerwelt in der City genauer dargestellt, die hierarchische Ordnung, der unersättliche Machthunger, der feste Glaube an die Überlegenheit, die mit Gewalt verteidigt werden muss. Für die Frauen gibt es nur die Möglichkeit, sich vollkommen von diesen Werten zu trennen, um ihre spirituellen und heilenden Kräfte zu entfalten.

Sally Miller Gearhart
The Wanderground
(London 1985)
Foto: Robert Giard Foundation

Während bei der Amerikanerin genauere Ausführungen fehlen, welche gesellschaftlichen Voraussetzungen Frauen und Männer befähigen könnten, eine lebenswerte Zukunft zu gestalten, beschreibt in Europa die nächste Autorin zu Beginn der 80er Jahre eine ganze Reihe von Experimenten in Politik und Wirtschaft, wobei sie ihre als ausgewiesene Wissenschaftlerin gewonnenen Erkenntnisse nutzt und sie als Grundlage einer literarischen und höchst phantasievollen Forschungsreise zu allen Planeten zwischen Erde und Mars verwandelt.

Esther Vilar geb. 1935

Bitte keinen Mozart 1981

Esther Vilar wurde 1935 in Buenos Aires geboren, die Ärztin und Schriftstellerin erreichte 1971 mit ihrem Buch „Der dressierte Mann" ein weltweites Publikum. Ihr Fernseh-Streitgespräch von 1975 mit Alice Schwarzer über die Rollen von Männern und Frauen wurde viel beachtet. In ihrem Sachbuch „Die Fünf-Stunden-Gesellschaft – Argumente für eine Utopie" von 1978 argumentiert sie mit konkreten Zahlen- und Faktenbelegen für eine Reihe von gesellschaftlichen Verbesserungen. Genau diese Vorschläge überträgt sie 1981 in ihren satirischen Roman „Bitte keinen Mozart" mit dem Untertitel „Ein Märchen für Kinder und Erwachsene", und dieses Buch ist eine literarische Utopie.

In der in allen Details konkret und anregend beschriebenen fernen Zukunft von 2002 entsteht auf der Erde, wo man kein Öl mehr, sondern Sonnenkraft zur Energiegewinnung nutzt und wo eine gemeinsame Weltregierung von einer Premierministerin geführt wird, eine Wirtschaftkrise. Es herrscht ein wachsender Mangel an Arbeitsplätzen, die nicht beschäftigten Männer, Frauen und Alten werfen sich gegenseitig die Wegnahme der ihnen zustehenden Arbeitsplätze vor. Die Premierministerin beruft Krisensitzungen ein, aber kein Minister der verschiedenen Ressorts kann einen sinnvollen Vorschlag zur Problemlösung anbieten. Da auf der Erde keine Abhilfe sichtbar ist, wird der Außenminister beauftragt, die anderen Planeten zu besuchen, um Ratschläge einzuholen. Zu dieser Zeit sind sechs zwischen der Erde und dem Mars angesiedelte Glasplaneten bekannt, die von ihren Entdeckern mit Musikernamen bezeichnet wurden. Sie heißen Zappa, Mozart, Genesis, Gabriel, Pink Floyd und Strawinsky, zu ihnen soll der Außenminister reisen.
Mit dem schlimmsten Beispiel geht es los, der Planet Zappa ist von Atombomben vernichtet worden, nur die Premierministerin sitzt auf einem Atompilz. Nach ihrem Bericht hat die Arbeitslosigkeit die Bevölkerung so tief in Reiche und Arme gespalten, dass ein Bürgerkrieg ausbrach, in dem die Zündung einer ersten Atombombe weitere Zündungen auslöste, bis der ganze Planet in dreieinhalb Stunden vernichtet wurde.
Der entsetzte Erd-Außenminister fliegt zum Planeten Mozart, auf dem Menschen mit zwei Mündern und einem Auge hinten und vorn am Kopf leben, alle haben rote Haare, die Frauen bringen immer abwechselnd zwei Jungen oder zwei Mädchen zur Welt. Er erfährt in einem Interview mit dem Wirtschaftsminister, dass es eine Revolution wegen des Mangels an Arbeit gegeben hat. Automaten haben so viel Arbeit vernichtet, dass jeder zweite arbeitslos war, und als auf dem Planeten die Arbeitssucht ausbrach, wurde die Premierminis-

terin hingerichtet, weil sie das Recht auf Arbeit nehmen wollte. Jetzt arbeiten Männer, Frauen und Alte, die Kinder sind in der Schule arbeitssüchtig und alle Menschen leiden am Wochenende ohne Beschäftigung. Zur Erhaltung des Arbeitsfriedens werden alle Häuser zweimal im Jahr abgerissen und neu aufgebaut, Bürovorgänge werden sinnlos vervielfacht, man braucht für alles acht Stempel. Aber weil die Löhne nur so gering sein können, mussten die Gewerkschaften abgeschafft werden und die Pressefreiheit auch. Es ist eine deutliche Wirtschaftsdiktatur, die alle Vorgänge zentral durch Fernsehaufzeichnung überwacht.

Der Außenminister fliegt also weiter zum Planeten Genesis, wo kleine Menschen mit spitzen Ohren und einem grünen Schweif leben. Das Problem der mangelnden Arbeitsplätze führte hier zu einem Generationenkonflikt. Früher arbeiteten alle bis zum 40. Lebensjahr, für die Alten gab es Clubs, Universitäten und Reiseangebote. Als die Premierministerin das vierzigste Jahr erreichte, machte sie einen Putsch, der den Alten die Macht auf dem Planeten verlieh. Jetzt müssen die Jungen in Rente gehen, die Altenclubs werden Juniorenclubs, Motorsportzentren werden eingerichtet, jugendliches Aussehen wird unerwünscht, während Altsein Ansehen, Erfolg und sogar Schönheit bedeutet. Alle Abgeordneten der Erde lehnen diese Lösung ab und der Flug geht weiter.

Auf dem Planeten Gabriel wird der Kampf um die begehrten Arbeitsplätze zwischen den Geschlechtern ausgetragen. Früher lebten hier die schönsten Frauen aller Glasplaneten mit himmelblauen Augen und Haaren, die nur Sonnenbäder nahmen. Die Männer hatten dunkle Haut und arbeiteten hart, helle Haut galt als Verweiblichung. Vor drei Jahren kam dann ein Rollentausch, die Frauen langweilten sich, weil es zu viele Haushaltsroboter gab, sie wollten die Macht übernehmen. Jetzt lernten die Frauen alles, machten Erfindungen, schafften Fernsehen und Autos ab, während die jetzt hellblauen Männer nur in der Sonne baden, sich für Schönheit interessieren und von den Frauen Haushaltsgeld bekommen. Doch die Frauen wollen weiterhin Kinder haben, aber die Männer begehren sie nicht mehr. Das ist eine Strategie der Erpressung, um wieder an die Arbeit zu kommen. Da es nicht genug Arbeit für beide Geschlechter gibt, stehen die verzweifelten Frauen kurz vor der Kapitulation. Die weitere Entwicklung ist absehbar, die Männer werden wieder an die Macht kommen, und der Außenminister muss weiterfliegen.

Auf dem Planeten Pink Floyd leben verschiedene Staaten in einem Dauer-Krieg und der Außenminister kann mit Geheimnummern alle 13 Staatsoberhäupter anrufen.

In Atanien soll die Arbeitslosigkeit durch drei Monate Urlaub gelöst werden, in Betanien wurden erst Arbeitskräfte importiert, dann wieder zurück geschickt, das Land ist neutral und verkauft Waffen an alle. In Cetanien gibt es Millionen

Arbeitslose, aber sie halten einen Plan zur Lösung geheim. In Detanien will die Premierministerin alle, die Arbeit fordern, mit Härte bekämpfen. In Etanien wurden die Unternehmer vertrieben, alles ist verstaatlicht, und alles geht schief, die Bürger haben alle Hände voll zu tun, weil nichts funktioniert. In Eftanien wurde den hungernden Bürgern versprochen, dass es nach dem Tod ein neues Leben gibt, und wer jetzt hungert, wird dann reich und satt. In Getanien ist das Auto die Rettung, es gibt keine Arbeitslosigkeit, aber die Menschen leiden an Abgasen und Unfällen, die Natur ist zerstört. In Hatanien wurden alle Maschinen entfernt, Frauen und Alte haben Halbtagsstellen ohne Aufstiegsmöglichkeiten, so dass die Frauen als Handlanger schuften. In Itanien ist freies Unternehmertum die Staatsreligion, der Staat tut nichts, und viele Leute teilen freiwillig ihren Arbeitsplatz. In Jotanien gibt es nur vier Arbeitstage, die Frauen und Senioren leiden, außer jungen, kinderlosen Bürgern sind alle unzufrieden. In Katanien bekommt jeder Bürger jedes zehnte Jahr bezahlten Jahresurlaub, diese Lösung gilt nur für eine Minderheit. In Letanien wurde ein neuer Kalender eingeführt, so dass am Montag Sonntag ist und der Mittwoch zwei Tage dauert. In Metanien fordern die Arbeitslosen den Kopf des Premiers, Schüsse fallen, und der Außenminister fliegt eiligst weiter zum Planeten Strawinsky.

Dort findet er nach den ganzen Beispielen des Schreckens endlich die ersehnte Lösung. Zunächst sieht es kompliziert aus, denn alle Bewohner stecken in einer Personenblase aus Planetenhaut, die mit einem Versorgungs-Stengel an den Sauerstoffvorrat des Planeten gebunden ist. Doch der Außenminister lernt in den ungewöhnlichen Erscheinungen männliche und weibliche Bewohner zu unterscheiden, und bald empfängt ihn die Premierministerin. Als er ihr die Wirtschaftskrise auf der Erde beschreibt, vermittelt sie ihm Unternehmer, Arbeiter, Familien, Manager und Künstler als Gesprächspartner, die ihn informieren, wie auf diesem Planeten die Probleme gelöst wurden. An diesem utopischen Ort arbeitet jeder Mann und jede Frau, ob jung oder alt an fünf Tagen fünf Stunden lang. Das ist die Grundvoraussetzung, so wird er belehrt, und deshalb haben alle genug Zeit für Bildung, Sport, Musik und Lektüre, ihre Gesundheit ist gut, sie genießen aufwendige Mahlzeiten. Alles was sich zwischen Menschen abspielt, darf nicht von Maschinen übernommen werden, dafür arbeiten die Firmen in vier Schichten zu je fünf Stunden, so dass die Maschinen ausgenützt werden. Der Verkehr wird besser geregelt, weil die Menschen durch Gemeinschaftsfahrten die Autofahrer entlasten. In den Familien bekommt Mutter oder Vater nach der Geburt eines Kindes ein Jahr bezahlten Urlaub, die Kinder lernen in der Schule das neue Fach Müßiggang. Menschen über sechzig bestimmen selbst, ob sie weiter arbeiten wollen. Vor oder nach der Arbeit kann jeder aus wissenschaftlicher Neugier studieren und überall blüht die Kunst. Es gibt keine Hausfassaden ohne Gemälde, auf jedem Platz werden Gedichte rezitiert, Romane werden gelesen und wer Zeit hat, versteht auch mehr von Kunst. Der Außenminister kehrt zur Erde zurück und berichtet sechs Tage lang von seinen Erlebnissen. Am siebenten Tag hält die Premierministerin eine Abschlussrede für die Erdbewohner, in der das 5-Stunden Modell von Strawinsky empfohlen wird, und sie appelliert: „Werden wir Wesen, die fühlen, träumen und denken. Werden wir Menschen!" Jetzt ist der Augenblick für die Verwirklichung des Traums von Verschiedenheit und Vielfalt gekommen, in dem man jedem mit Respekt begegnet: „auf einem Planeten, wo jeder genug Zeit hätte, sein Wissen, seine Phantasie, seine geistige und körperliche Energie voll auszuspielen, wäre prinzipiell alles möglich."

Die mit überquellender Phantasie ausgestattete literarische Reise zu den imaginären Planeten schlägt als Höhepunkt ein Modell vor, das zur Lösung von Problemen der Wirtschaft und Gesellschaft in der wirklichen Welt des späten 20. Jahrhunderts gedacht ist. Der Planet Strawinsky wird durch die gerechte Verteilung von Arbeit für alle, für Männer und Frauen, Alte und Junge zu einem denkbaren Vorbild der Wirklichkeit, das allen Menschen die Zeit verschafft, ihre Begabungen zu entfalten. Die Lösung für Probleme in der Arbeitswelt durch das 5-Stunden Modell ist zwar für die gegenwärtigen Verhältnisse schon wieder überholt, aber der abschließende Traum der Premierministerin lässt sogar erkennen, dass diese Utopie auch vier Jahrzehnte später Aufgaben für unsere eigene Gegenwart benennt: „Ich träumte von einer Welt, in der jeder vom andern so verschieden wie nur möglich ist, und in dem man ihm gerade aufgrund dieser Verschiedenheit mit Respekt begegnet .... In der Frauen sich nicht wie Männer gebärden müssen und Männer nicht wie Frauen, und trotzdem keinem der Geschlechter aufgrund seiner Andersartigkeit ein Nachteil entsteht. In der Schwarze, Gelbe und Rote sich nicht den Ritualen der Weißen beugen, sondern voll Stolz die bleiben, die sie sind."

Esther Vilar
Bitte keinen Mozart – ein Märchen für Kinder und Erwachsene
(Frankfurt/M. 1984)

Für die letzten Jahrzehnte des 20. Jahrhunderts bildet Esther Vilars Buch mit seinem utopischen Gesellschaftsmodell einer erhofften menschenwürdigen Zukunft als Eutopie eine literarische Seltenheit. Für eine negative Utopie, also eine Dystopie einer weiblichen Autorin folgt das weltweit nicht nur als Buch, sondern auch als Film und als amerikanische Filmserie am bekanntesten gewordene Beispiel nur wenige Jahre später.

Margaret Atwood geb. 1939

The Handmaid's Tale 1985

Die kanadische Schriftstellerin schrieb schon früh Gedichte, aber sie wurde durch diesen Roman berühmt, der in viele Sprachen übersetzt und 1990 von Volker Schlöndorff verfilmt wurde (seit 2017 auch als Fernsehserie). Sie hat seitdem ein breit gefächertes literarisches Werk geschaffen und über die Jahre eine ganze Reihe internationaler Preise erhalten, dazu gehört der Friedenspreis des deutschen Buchhandels, der ihr 2017 in der Frankfurter Paulskirche verliehen wurde. Im selben Jahr nahm eine amerikanische Fernseh-Serie das Thema ihrer immer präsent gebliebenen Dystopie auf, und die Autorin verfasste für die gleichzeitige neue Taschenbuchausgabe von „The Handmaid's Tale" bei Penguins Vintage Classics ein ausführliches und aufschlussreiches neues Vorwort. Im Jahre 2019 veröffentlichte sie dann die lange geplante Fortsetzung mit dem Titel „The Testaments".

„The Handmaid's Tale" beginnt, als in den Vereinigten Staaten Atom-Unfälle, Verschmutzungen aus Lagern von chemischen oder biologischen Waffen und unkontrollierter Gebrauch von Insekten- und Unkrautvertilgungsmitteln eine Krise der Unfruchtbarkeit ausgelöst haben, die den Fortbestand der gesamten Bevölkerung bedroht. Fundamentalistische Christen greifen nach der Macht, lösen sämtliche Verfassungsorgane auf und errichten eine theokratische Diktatur unter dem Namen Republik Gilead. Das spielt auf den biblischen Erzvater Jakob aus der Bibel an, der neben seinen zwei Frauen Rachel und Leah auch Söhne von zwei Mägden hat, und die Autorin bezieht sich beim Entwurf ihres Werkes auch auf historisch belegte Quellen aus der Überlieferung der Puritaner im „Neu-England" des 17. Jahrhunderts. Die regierenden Männer in der Republik Gilead machen sich zur Aufgabe, genügend Nachwuchs zu erzeugen, und für dieses Ziel unterwerfen sie alle Frauen vollständig ihrer Herrschaft. Neben ihren rechtlosen Ehefrauen nehmen sie sich fruchtbare junge Frauen als „handmaids", also als Mägde, in ihren persönlichen Besitz. Die rekrutierten Mägde werden von asexuellen Frauen, den „Tanten" ständig überwacht und zum Gehorsam abgerichtet, sie müssen an ihren fruchtbaren Tagen mit ihrem Besitzer Geschlechtsverkehr haben, sie haben keinen eigenen Namen mehr, sondern werden mit dem Vornamen ihres Herrn bezeichnet. Die Hauptfigur und Ich-Erzählerin gehört dem Kommandanten Fred, sie heißt deswegen „Offred" und sie wurde aus der Beziehung zu ihrem früheren Ehemann und Kind zum Dienst für den Kommandanten entrissen. Da sie nicht schwanger geworden ist, plant Freds Ehefrau Serena, dass dafür Nick, der Chauffeur des Kommandanten einspringen soll, um endlich das ersehnte Kind hervorzubringen. Aber statt nur den von oben angeordneten Dienst auszuführen, gehen Offred und Nick eine gefühlsmäßige Beziehung ein, was im Land der totalen Kontrolle und Überwachung verboten ist. Da Gilead ständig im Krieg mit anderen Staaten liegt, ist die geheime Staatspolizei von großer Bedeutung, da sie innere Feinde ausspähen und gnadenlos zum Tode verfolgen soll. So werden alle Frauen, die gegen Gesetze verstoßen haben oder versucht haben, dem Terrorsystem zu entkommen, gefangen genommen und bei einer „Salvaging" – also Errettung – genannten feierlichen Prozedur vor den entsetzten Augen der versammelten Zuschauerinnen zur Abschreckung aufgehängt. Als die Polizei zu Offred kommt, ist ihr Leben bedroht, weil ihr Verrat von Staatsgeheimnissen vorgeworfen wird. Sie hat zunächst Nick im Verdacht, dass er sie denunziert hätte, aber Nick kommt zu ihr, nennt sie bei ihrem wirklichen Namen und erklärt, dass diese Polizisten Mitglieder von der Organisation „Mayday" sind. Unter dem weltbekannten Namen für das Notsignal hat sich eine tatkräftige Widerstandorganisation gebildet, die Verdächtige heimlich aus Gilead nach Kanada geleitet, wo sie vor Verfolgung sicher sind. Offred lässt sich von den Männern abführen und damit endet ihr Bericht – für die Lesenden bleibt offen, wie ihre Geschichte ausgegangen ist. Das Buch schließt mit einem Zeitsprung und protokolliert als letztes Kapitel den Bericht einer Tagung zur Erforschung der Diktatur von Gilead im Jahre 2195. Der vorangehende, gerade gelesene Text mit Offreds schrecklichen Erlebnissen erweist sich als Abschrift von 30 Tonbandkassetten, die aufgefunden und von der Forschung transkribiert wurden, aber alle wissenschaftlichen Bemühungen, Personen und Ereignisse eindeutig zu belegen, bleiben vergeblich.

In ihrem neuen Vorwort von 2017 erklärt die Autorin ihre Intentionen beim Verfassen des Romans. Ihre Darstellung stützt sich auf historische Quellen, so dass ihre Dystopie einen Verweis auf reale Gefahren enthält. Da Frauen als Gebärerinnen der Kinder das Überleben jeder Bevölkerung sichern, berührt die Kritik an ihrer Entrechtung und Unterwerfung ein feministisches Thema, aber die allgemeine Verletzung der Menschlichkeit steht über alle Geschlechtergrenzen hinaus im Vordergrund. Die Darstellung einer theokratischen Gewaltherrschaft bedeutet für die Autorin keine Verurteilung der Religion, sondern kritisiert Formen eines autoritären Patriarchats, insofern sieht sie ihr Buch mit seiner Wendung gegen religiöse Tyrannei nicht als „anti-religiös". Sie wollte auch keine Vorhersage über eine dystopische Zukunft machen und hofft eher, dass die Schilderung vergangener Grausamkeiten Möglichkeiten eröffnet, die Menschen aufmerksamer gegenüber politischen Gefahren der Gegenwart zu machen, was sie in der gesellschaftlich aufgeheizten Situation nach der Wahl von Donald Trump für nötig hält. Damit bindet sie ihren fast 40 Jahre alten Roman in die Jetztzeit und die Intention einer Darstellung von schrecklichen

Verhältnissen zur Abschreckung des Lesepublikums verbindet ihn mit den literarischen Dystopien früherer Zeiten.

Margaret Atwood
The Handmaid's Tale
(London 2017)

So sind die beiden literarischen Utopien von Frauen aus den 80er Jahren des 20. Jahrhunderts – Esther Vilars eutopische auf einem fernen Planeten und Margaret Atwoods dystopische in einer fernen Zukunft – weit über die Zeit ihrer ersten Publikation hinaus aktuell und lebendig geblieben. Bei „The Handmaid's Tale" zeigt eine 2017 produzierte und vielbeachtete Fernseh-Serie deutlich, wie gegenwärtig Atwoods Thema von religiösem Fanatismus und ideologischen Angriffen auf gesichert geltende Frauenrechte für das amerikanische Publikum geblieben ist. Inzwischen gibt es auch in europäischen Ländern Bestrebungen rückwärtsgewandter Regierungen, Abtreibungen und homosexuelle Beziehungen zu verbieten und die gesellschaftliche Bevorzugung der Männer festzuschreiben. Bei Esther Vilars Utopie von der gerechten Gesellschaft auf dem Planeten Strawinsky weist die Abschlussrede der Premierministerin der Erde nicht auf imaginäre Zukunftsträume, sondern sie lässt höchst gegenwärtige Diskussionen anklingen, wie wir sie jeden Tag in Zeitschriften, Debatten und Fernsehberichten verfolgen können. Wenn Vilar am Ende des Romans die Premierministerin sagen lässt, dass keinem der Geschlechter aufgrund seiner Andersartigkeit ein Nachteil entstehen und sich Menschen aller Hautfarben nicht den Ritualen der Weißen beugen sollen, sondern voll Stolz die bleiben, die sie sind, dann hören wir solche Töne in Bezug auf die Hautfarbe auch von den empörten Stimmen bei Demonstrationen in Amerika für Bewegungen wie „Black Lives Matter". Das Thema gehört auch zu den inzwischen in mehreren Ländern Europas im wissenschaftlichen Rahmen und in den Medien geführten Diskussionen über die menschenverachtenden Vergehen, die gegen die indigene Bevölkerung der früheren Kolonien verübt wurden. Die Aussage, dass keinem der Geschlechter aufgrund seiner Andersartigkeit ein Nachteil entstehen soll, bildet einen festen Kernbestand heutiger Forderungen nach gesellschaftlicher Gleichstellung von Männern, Frauen und Transgender-Personen und den von ihnen erwünschten Lebensformen, die sich von den traditionellen Modellen mit ihrer einseitigen Bevorzugung der Männer unterscheiden. Zum Abschluss sollen die Stimmen von zwei schreibenden Frauen, die sich in Zeitungen der Bundesrepublik im Jahre 2021 zu den angesprochenen Themen äußern, belegen, wie dicht diese literarische Utopien vom Ende des 20. Jahrhunderts an den konkreten Problemen gesellschaftlicher Wirklichkeit geblieben sind. Zu den in einer breiten Öffentlichkeit diskutierten Forderungen von gleichen Rechten für alle verschiedenen Menschen unserer Gesellschaft wünscht sich die Redakteurin Inge Günter in einem Beitrag (FR, 20.3.2021), dass es in der Gegenwart „weder von Hautfarben noch ethnischer oder nationaler Zugehörigkeit abhängt, was wem zugetraut wird. Das wäre dann das Paradies." In einem Interview (SZ 27./28.2.2021) formuliert die bekannte Wissenschaftlerin und Politikerin Gesine Schwan, die vor einigen Jahren bei uns für das Bundespräsidentenamt zweimal kandidiert hat, eine Zukunftshoffnung, die auch aus der Rede von Vilars utopischer Premierministerin stammen könnte. Schwan sagt, das Ziel für das Zusammenleben von vielfältigen Menschengruppen müsse sich nun darauf ausrichten, „aus der Diversität der Menschen die neue Normalität" hervorgehen zu lassen. –

Die Wunschräume und Wunschzeiten, die hier in den literarischen Utopien von Frauen vorgestellt wurden, haben durch lange Jahrhunderte hindurch in verschiedenen Gegenden unserer Welt immer wieder den Weg zu Formen einer gerechteren menschlichen Gesellschaft gesucht und für uns in ihren so unterschiedlichen Texten anschaulich präsentiert. Alle, die diesen langen Weg verfolgt haben, wissen: Der Weg ist das Ziel!

Zehn Beispieltexte

Margaret Cavendish, Duchess of Newcastle (1623–1673)
1666 The Description of a New World Called the Blazing World

Nachdem der Kaiser ihr das neue Amt verliehen hat, erkundet die wissbegierige Kaiserin die Gleißende Welt.

Die Bewohner jener Welt waren Menschen verschiedener Arten, Formen, Gestalten, Veranlagungen und Temperamente. Einige waren Bären-, einige Wurm-Menschen, einige Fisch- oder Meermenschen, auch Sirenen genannt, einige Vogel-, einige Fliegen-Menschen, einige Ameisen-, Gänse-, Spinnen-, Laus-, Fuchs-, Affen-, Dohlen-, Elster-, Papageien-Menschen, einige Satyrn, Riesen und viele andere.

Diese verschiedenen Menschenarten gingen alle Berufen nach, die dem Wesen ihrer Gattungen entsprachen, wozu sie von der Kaiserin ermutigt wurden, besonders diejenigen, die sich dem Studium verschiedener Künste und Wissenschaften gewidmet hatten. Sie waren nämlich genauso einfallsreich und klug bei der Erfindung einträglicher und nützlicher Künste wie wir in unserer Welt, ja noch mehr; und zu diesem Zweck errichtete sie Schulen und gründete mehrere Gesellschaften.

Bald darauf befragt die Kaiserin die Experten ihrer neuen gelehrten Gesellschaften und die Bärenmänner berichten über optische Instrumente.

Unter anderem holten sie mehrere Mikroskope hervor, mit deren Hilfe sie kleine Gestalten vergrößern, eine Laus so groß wie einen Elefanten und eine Milbe so groß wie einen Wal aussehen lassen konnten.

Als erstes zeigten sie der Kaiserin eine graue Stubenfliege, an der sie beobachteten, dass der größte Teil ihres Gesichts, ja ihres Kopfes, aus zwei großen Bündeln bestand, die ganz mit einer Menge kleiner, dreieckig angeordneter Perlen oder Halbkugeln bedeckt waren. Diese Perlen gab es in zwei Varianten, kleinere und größere; die kleineren saßen unten und waren auf den Boden gerichtet, die größeren waren darüber angeordnet und blickten zur Seite, nach vorne und nach hinten. Sie waren alle so glatt und glänzend, dass sie jedes Objekt widerspiegeln konnten; ihre Zahl betrug insgesamt 14 000. Nachdem sie dieses seltsame und wunderbare Geschöpf angesehen und ihre verschiedenen Kommentare darüber gehört hatte, fragte die Kaiserin, was diese kleinen Halbkugeln denn sein könnten? Sie antworteten, jede von ihnen sei ein vollkommenes Auge, denn jede sei mit einer transparenten Hornhaut bedeckt, die eine Flüssigkeit ähnlich der wässrigen oder glasigen Feuchtigkeit des Auges enthalte. Darauf erwiderte die Kaiserin, es könnten auch glasige Perlen sein statt Augen, und dass ihre Mikroskope sie vielleicht nicht richtig informierten. Aber sie antworteten ihrer Majestät lächelnd, sie kenne die Vorzüge dieser Mikroskope nicht. Diese täuschten die Sinne niemals, sondern verbesserten und unterrichteten sie; ja, die Welt, sagten sie, wäre ohne sie fast blind, wie sie es vor der Erfindung der Mikroskope gewesen sei.

Dann befragt die Kaiserin die Fisch- und Wurmmenschen, die für die Lebewesen zuständig sind, über ihre Beobachtungen in den Meeren und in der Erde.

Habt ihr denn jemals Lebewesen beobachtet, sagte sie, die weder Fleisch noch Fisch sind, sondern auf einer Zwischenstufe zwischen beiden stehen? Tatsächlich, antworteten die Fisch- wie die Wurmmenschen, wir haben verschiedene Geschöpfe beobachtet, die gleichermaßen sowohl im Wasser als auch an Land leben, und wenn überhaupt, kann man sicherlich von diesen sagen, dass sie von einer gemischten Natur sind, das heißt, teils Fleisch, teils Fisch. Aber wie ist es möglich, erwiderte die Kaiserin, dass sie sowohl im Wasser als auch an Land leben können, da doch die Tiere, die an der Luft atmen, nicht im Wasser leben können, und die im Wasser leben, nicht an der Luft atmen, wie die Erfahrung zur Genüge belegt. Sie antworteten ihrer Majestät, es gebe verschiedene Arten von Geschöpfen mit ebenso vielen verschiedenen Arten von Atmung. Denn Atmung, sagten sie, sei nichts weiter als ein Zusammensetzen und Zerlegen von Teilen, und da die Bewegungen der Natur unendlich vielfältig sind, ist es unmöglich, dass alle Wesen die gleichen Bewegungen haben. Es sei nicht notwendig, dass alle Tiere entweder an der Luft oder im Wasser lebten, sie lebten vielmehr gemäß der Ordnung, welche die Natur für ihre Spezies vorgesehen hat.

Die Kaiserin schien mit ihrer Antwort sehr zufrieden zu sein und verlangte weitere Auskunft darüber, ob alle Lebewesen ihre Art durch fortlaufende Vererbung ihrer Merkmale erhielten und ob in jeder Art die Nachkommen immer in ihrer inneren wie äußeren Gestalt ihrem Erzeuger gleichen? Sie antworteten ihrer Majestät, dass einige Spezies oder Arten von Geschöpfen sich durch Nachkommen, die dem Erzeuger glichen, fortpflanzten, andere dagegen nicht. Zur ersten Klasse gehörten, wie sie sagten, alle Tiere mit verschiedenen Geschlechtern nebst einigen anderen; zur zweiten Klasse gehörten aber größtenteils jene, die wir Insekten nennen, deren Entstehung auf Ursachen beruhe, die mit dem Hervorgebrachten nicht übereinstimmten oder ihm ähnlich seien; wie zum Beispiel Maden aus Käse hervorgehen und manche anderen aus Erde, Wasser und ähnlichem erzeugt werden. Aber, sagte die Kaiserin, es gibt doch Ähnlichkeit zwischen Maden und Käse; denn Käse enthält kein Blut, ebenso wenig wie Maden; außerdem haben sie fast den gleichen Geschmack wie Käse. Das beweist gar nichts, antworteten sie; denn Maden haben eine sichtbare, fortlaufende Bewegung im Raum, die der Käse nicht hat. Die Kaiserin erwiderte, sobald sich der ganze Käse in Maden verwandelt habe, könne man von ihm sagen, er habe ein räumliche, fortlaufende Bewegung. Sie antworteten, wenn sich der Käse aufgrund der Veränderung in seiner Gestalt in Maden verwandelt habe, sei er kein Käse mehr.

Die Kaiserin gestand, ihr werde allmählich klar, wie unendlich vielfältig die Natur in ihren Werken sei, und dass zwar die Tierarten fortdauerten, aber die Einzelwesen unendlichen Veränderungen unterworfen seien.

Nachdem die Kaiserin die Unterredungen und Beratungen mit ihren Gelehrten abgeschlossen hatte, dachte sie über die Art ihrer Religion nach.

Da sie diese sehr unzureichend fand, war sie betrübt, dass ein so weises und gebildetes Volk kein größeres Wissen über die göttliche Wahrheit hätte. Daher ging sie mit ihren eigenen Gedanken zu Rate, ob es möglich wäre, alle zu ihrer eigenen Religion zu bekehren. Zu diesem Zweck beschloss sie, Kirchen zu bauen und eigene Frauengemeinden zu bilden, denen sie selbst vorstehen und die sie in einigen religiösen Fragen unterrichten würde. Kaum hatte sie damit begonnen, als die Frauen, die allgemein eine rasche Auffassungsgabe, scharfsinnige Vorstellungen, einen klaren Verstand und ein solides Urteilsvermögen besaßen, bald sehr fromme und eifrige Schwestern wurden. Denn die Kaiserin hatte eine ausgezeichnete Begabung zu predigen und sie über die verschiedenen Glaubensartikel zu belehren. Und auf diese Weise bekehrte sie nicht nur bald ihre Untertanen, sondern sie gewann die außerordentliche Liebe aller in jener Welt.

Aber als sie schließlich an die unbeständige Natur der Menschheit dachte und befürchtete, nach einiger Zeit könnten sie überdrüssig werden, sich von der göttlichen Wahrheit abwenden, ihrer Lust und Laune folgen und nach ihren eigenen Begierden leben, da überfielen sie die Sorgen, alle ihre Anstrengungen und Mühen könnten nur geringe Wirkung entfalten; und sie bedachte alle Möglichkeiten, dies zu verhindern. Unter anderen erinnerte sie sich an einen Bericht, den ihr einst die Vogelmänner vorgelegt hatten, über einen Berg, der in Feuer und Flamme stand. Darauf ließ sie ihre klügsten und raffiniertesten Wurmmänner rufen und befahl ihnen, die Ursache für das Ausbrechen dieses Feuers zu erkunden. Das taten sie, und nachdem sie bis auf den Grund des Berges getaucht waren, informierten sie ihre Majestät, es gebe dort eine bestimmte Gesteinsart, die sich in nassem Zustand stark erhitzte und sogar in Flammen ausbreche, bis sie wieder trocken sei, und dann zu brennen aufhörte.

Die Kaiserin freute sich über die Nachrichten und forderte die Wurmmänner unverzüglich auf, ihr etwas von diesem Stein zu bringen, aber es geheim zu halten. Sie sandte auch nach den Vogelmännern und bat sie, ob sie ihr nicht ein Stück vom Sonnenstein bringen könnten? Sie antworteten, dies sei unmöglich, sonst würden sie das Licht der Welt verderben oder vermindern. Aber, sagten sie, wenn es Eurer Majestät beliebt, können wir einen der zahlreichen Sterne im Himmel zerstören, den die Welt nie vermissen wird.

Die Kaiserin war mit diesem Vorschlag zufrieden, und während diese zwei Menschenarten so beschäftigt waren, baute sie zwei Kapellen, eine über der anderen. Die eine besetzte sie völlig mit Diamanten, auch das Dach, die Wände und die Säulen; aber die zweite beschloss sie, mit dem Sternenstein auszulegen. Den Feuerstein brachte sie auf der Diamantenverkleidung an, weil Feuer Diamanten nicht angreifen kann. Wenn sie wollte, dass die Kapelle mit dem Feuerstein ganz in Flammen erscheinen sollte, ließ sie mit künstlichen Rohren Wasser einleiten, das sich, wenn man den Hahn aufdrehte, wie aus einem Springbrunnen über den ganzen Raum ergoss, und solange der Feuerstein nass war, schien die Kapelle in hellen Flammen zu stehen.

Die andere mit dem Sternen-Stein besetzte Kapelle warf nur ein glanzvolles und trostreiches Licht. Beide Kapellen standen auf Säulen, genau in der Mitte einer runden Arkade, die dunkel wie die Nacht war. Auch gab es in ihnen kein anderes Licht, als was vom Feuer- und Sternen-Stein ausging. Und da die Kapellen rundum offen waren, erlaubten sie allen, die sich innerhalb des Säulengangs befanden, einen völlig freien Einblick. Außerdem waren sie so raffiniert konstruiert, dass sie pausenlos in gegenläufiger Richtung um ihr eigenes Zentrum kreisten. In der Kapelle, die mit dem Feuerstein besetzt war, hielt die Kaiserin Strafpredigten an die Bösen und schilderte ihnen die Bestrafung ihrer Sünden, nämlich, dass sie nach diesem Leben in ewigem Feuer gequält würden. Aber in der anderen Kapelle, die mit dem Sternenstein besetzt war, spendete sie in ihren Predigten denen Trost, die ihre Sünden bereuten und über ihre eigene Boshaftigkeit bekümmert waren.

Sie wurde durch die Hitze der Flammen nicht im geringsten behindert, denn der Feuerstein wurde nicht so heiß, dass sie es nicht hätte aushalten können, und zwar deswegen, weil das Wasser, welches auf den Stein geschüttet wurde, aufgrund seiner Eigenbewegung in ein brennendes Feuer verwandelt wurde, was durch die natürlichen Regungen des Steins bewirkt wurde, durch welche die Flammen schwächer waren als bei irgendeinem anderen Brennstoff. Der Sternenstein in der anderen Kapelle gab überhaupt keine Hitze ab, obwohl er ein intensives Licht aussandte. Die Kaiserin erschien darin wie ein Engel, und so wie jene Kapelle ein Sinnbild der Hölle war, war diese ein Sinnbild des Himmels.

Und so bekehrte die Kaiserin nicht nur mit Hilfe der Kunst und ihres eigenen Einfallsreichtums die Gleißende Welt zu ihrer eigenen Religion, sondern hielt sie auch in Treue zum Glauben fest, ohne Zwang oder Blutvergießen. Denn sie wusste sehr gut, dass der Glaube nichts war, das man den Leuten aufzwingen oder aufdrängen konnte, sondern etwas, das man durch sanfte Überredung in ihre Gemüter einflößen musste. Und in der gleichen Art ermutigte sie alle bei ihren anderen Pflichten und Tätigkeiten, denn die Furcht bringt zwar die Leute zum Gehorsam, aber sie hält nicht so lange vor und ist kein so sicheres Mittel, sie an ihre Pflicht zu mahnen, wie die Liebe.

Margaret Cavendish, Duchess of Newcastle
Die Gleißende Welt (München 2001/2020),
übersetzt und herausgegeben von Virginia Richter
p. 22/23 Gelehrte erklären der Kaiserin optische Instrumente
p. 26/27 Lebewesen Fleisch/Fisch
p. 38/39 Religion

Sarah Scott (1723–1795)
1762 A Description of Millenium Hall

Dialog der Eigentümerinnen von Millenium Hall mit dem reisenden Herrn Lamont über das menschliche Bedürfnis nach Gesellschaft.

Lady Mary sagte, so sehr uns auch das Schicksal mit körperlichen Mängeln verschont hat, so gibt es doch im menschlichen Gemüt viele Bedürfnisse, die uns zur Gesellschaft hintreiben. Die Vernunft strebt nach Gedankenaustausch und Fortbildung, die Nächstenliebe sehnt sich nach Zielen, um tätig zu werden; die geselligen Tröstungen der Freundschaft sind so notwendig für unser Glück, dass es unmöglich wäre, sie nicht zu erstreben und sich an ihnen zu erfreuen. Wenn wir krank sind, wünscht sich unsere Schwäche Erquickung durch das Gespräch, wenn wir gesund sind, ersehnt es unser lebhafter Geist. Um Schmerzen zu vermeiden, suchen wir körperliche Annehmlichkeiten, um Glücksgefühle zu erlangen, suchen wir geistige Freuden; und ich glaube, wenn wir allgemein menschliches Handeln betrachten, ist das Streben nach Lebensfreude mindestens so stark wie die Furcht vor Schmerz; obwohl Philosophen, die ihr Urteil mehr an der Vernunft als an Menschenkenntnis ausrichten, das anders sehen. Ich glaube, sagte Mrs. Selvyn, jemand hat erklärt, dass wer ohne Gesellschaft leben kann, mehr als ein Gott oder weniger als ein Mensch sein muss; der letztere Teil der Aussage wäre noch richtiger, wenn er gesagt hätte, niedriger als ein Ungeheuer, denn es gibt kein Lebewesen im ganzen Universum, das nicht in eine Gesellschaft eingebunden ist, außer wir glauben an den lautstark brausenden und ungeselligen Vogel Phoenix.

Herr Lamont unterbrach sie und sagte: Ich bin überrascht, dass Damen, die an diesem einsamen, aber wunderschönen Ort von der Welt zurückgezogen leben, sich so eindringlich für die Gesellschaft einsetzen.

Mrs. Mancel antwortete, vielleicht verwechseln Sie hier ein Vergnügungsgrüppchen mit der Gesellschaft? Ich kenne keine zwei verschiedeneren Sorten. Wie wenig Gesellschaft findet man in dem, was Sie die Welt nennen? Man könnte sie doch mit dem Kampf aller gegen alle vergleichen, den Hobbes als den Naturzustand der Menschheit annimmt. Dieselben Eitelkeiten, dieselben Leidenschaften, derselbe Ehrgeiz beherrschen fast jede Brust; ein ständiges Verlangen zu übertreffen und eine ständige Angst, übertroffen zu werden, das hält das Gemüt derer in Atem, die überhaupt Ziele verfolgen in diesem Zustand von Aufruhr und Neid. Und diejenigen, die gar kein Ziel für ihr Handeln kennen, sind zu unvernünftig, um eine Vorstellung von gesellschaftlichen Annehmlichkeiten zu haben. Die Liebe genauso wie das Vergnügen an der Gesellschaft beruhen auf der Vernunft, daher können sie nicht in Gemütern vorhanden sein, die nur unvernünftigen Beschäftigungen nachgehen. Solche Leute könnten tatsächlich eher einen Ort in der Gesellschaft von Vögeln und wilden Tieren beanspruchen, obwohl nur wenige verdienen, bei ihnen eingelassen zu werden – aber der Ort vernünftiger Wesen gründet auf der Vernunft. Was ich unter Gesellschaft verstehe, ist ein Zustand gegenseitigen Vertrauens, wechselseitiger Dienste und entsprechender Zuneigung; wo die Vielen auf diese Weise verbunden sind, herrscht eine freie Mitteilung von Gefühlen, und wir können sie dann zur Sprache bringen, die ein besonderer Segen für die Menschheit ist, eine wirklich wertvolle Gabe; aber wenn wir sehen, wie sie durch Verdächtigungen eingeschränkt oder durch Verunglimpfungen besudelt wird, dann ist es eher verwunderlich, dass eine so gefährliche Gabe menschlichen Wesen anvertraut wurde, die selten den richtigen Gebrauch davon machen.

Sie werden uns vielleicht bedauern, weil wir keine Karten- und Gesellschaftsspiele haben, keine Aufführungen und Maskeraden an diesem abgelegenen Ort. Die ersteren könnten wir uns aussuchen, denn wir lehnen sie nicht gänzlich ab; aber während wir mit Bestimmtheit unsere eigenen Gedanken äußern und mit Vergnügen die von weiseren Leuten lesen, sind wir nicht häufig auf solche Beschränkungen angewiesen. Wir wollen keine großen Abendgesellschaften, weil wir nicht gern die Unterredung im Krach ertrinken lassen; die amüsanten Erfindungen der Dramatiker sind nicht nötig, wo uns die Natur so viele wirkliche Freuden gewährt; und wir haben keine Angst, offen unser Herz zu zeigen, keine Veranlassung unsere Person zu verbergen, um die Freiheit der Rede oder des Handelns zu erlangen.

Lamont antwortete: Madame, welche ernsthafte Gesellschaft hätten wir, wenn sie unser Verhalten regeln würden.

Mrs. Mancel antwortete: überhaupt nicht, ich würde nur verändern, dass wir das Getöse gegen eine wirkliche Lebensfreude tauschen, Flatterhaftigkeit gegen ruhige Heiterkeit, aufgeblasenen Witz gegen vernünftige Unterredung; ich würde nur das Maß von Zerstreuungen verbannen, das den Menschen ihre Zeit raubt, über die Motive und Folgen ihres Handelns nachzudenken, und wünsche mir, dass ihre Vergnügungen wirklich und dauerhaft sein sollen, so dass darauf weder Reue noch Strafe folgt. Ich wünsche ihnen Muße zu bedenken, wer sie in die Welt geschickt hat und zu welchem Ziel, sie sollten ihr Heil darin erkennen, den Willen ihres Schöpfers für ihr eigenes größtes Glück zu erfüllen, und alles ihnen mögliche zum Nutzen ihrer Mitmenschen zu tun.
Lamont sagte: gnädige Frau, das sieht so aus, dass sie alle einander zu Sklaven machen wollen.

Aber nein, entgegnete Mrs. Mancel, ich würde sie nur zu Freunden machen. Echte Freunde bemühen sich immer dem anderen zu Dienste zu sein und ihm Gefallen zu tun; diese gegenseitige Vermittlung von Wohltaten sollte überall verbreitet sein, und dann hätten wir Grund, diese Welt zu lieben.

Aber, sagte Lamont, diese gegenseitige Vermittlung ist gar nicht möglich, welchen Dienst kann ein armer Mensch mir leisten? Ich kann sein Leid lindern, aber wie kann er mir etwas zurückgeben?

Mrs. Mancel antwortete: aber er ist es doch, der zuerst gegeben hat, weil er ihnen die Gelegenheit gab, ihm zu helfen. Der Gewinn, den er ihnen verschaffte, übertrifft die Wohltat, die sie ihm gaben, denn Geben ist seliger denn Nehmen. Vielleicht werden sie von ihm sagen wie der Apotheker in „Romeo und Julia" „Nur meine Armut fügt sich, nicht mein Wille". So bleiben sie ruhig und sagen „Nicht deinem Willen, deiner Armut zahl ich's." Aber sicherlich ist die höchste Befriedigung auf ihrer Seite und sie sind der Armut dankbar, die ihnen eine so große Genugtuung verschaffte. Glauben sie nicht, der Arme kann keine Gegenleistung erbringen. Der größte Gefallen, den uns diese Welt tun kann, ist es, geliebt zu werden, aber wie sollten wir denn Liebe gewinnen, wenn wir sie nicht verdienen?

Sarah Scott
A Description of Millenium Hall
(Peterborough, Ontario, Canada 1995)
p. 111/112 Regeln des gesellschaftlichen Lebens
übersetzt von Christiane Wyrwa

Lucy Aikin (1781–1864)
1810 Epistles on Women

Epistles on Women, Exemplifying their Character and Condition in Various Ages and Nations.

Argument of Epistle IV

Man cannot degrade the female sex without degrading the whole race .... Exhortation to Englishmen to look with favour on the mental improvement of females – to English women to improve and principle their minds, and by their merit induce the men to treat them as friends.

For you, bright daughters of a land renowned,
By Genius blest, by glorious Freedom crowned;
Safe in a polisht privacy, content
To grace, not shun, the lot that Nature lent,
Be yours the joys of home, affection's charms,
And infants clinging with caressing arms:
Yours to the boon, of Taste's whole garden free,
To pluck at will her bright Hesperian tree,
Uncheckt the wreath of each fair Muse assume,
And fill your lap with amaranthine bloom.
Press eager on; of this great art possest,
To seize the good, to follow still the best,
Ply the pale lamp, explore the breathing page,
And catch the soul of each immortal age.
Strikes the pure bard his old romantic lyre?
Let high Belphoebe warm, let Amoret sweet inspire:
Does History speak? Drink in her loftiest tone,
And be Cornelia's virtues all your own.
Thus self-endowed, thus armed for every state,
Improve, excel, surmount, subdue your fate!
So shall at length enlightened Man efface
That slavish stigma seared on half the race,
His rude forefathers' shame; and pleased confess,
'Tis yours to elevate, 'tis yours to bless;
Your interest one with his; your hopes the same;
Fair peace in life, in death undying fame,
And bliss in worlds beyond, the species' general aim.
"Rise," shall he cry, "O Woman, rise! be free!

My life's associate, now partake with me:
Rouse thy keen energies, expand thy soul,
And see, and feel, and comprehend the whole;
My deepest thoughts, intelligent, divide;
When right confirm me, and when erring guide;
Soothe all my cares, in all my virtues blend,
And be, my sister, be at length my friend."

Versbriefe über Frauen, die ihren Charakter und ihre Lebensbedingungen in verschiedenen Zeitaltern und Nationen veranschaulichen.

Thema von Versbrief IV

Männer können das weibliche Geschlecht nicht erniedrigen ohne die ganze Gattung zu erniedrigen .... Eine Ermahnung an englische Männer, das geistige Wachstum der Frauen mit Zustimmung zu betrachten – an die englischen Frauen ihren Verstand zu verbessern und an Grundsätzen auszurichten, und durch ihre Leistungen die Männer anzuregen, sie freundschaftlich zu behandeln.

Für euch, ihr klugen Töchter des ehrenvollen Landes,
Gesegnet vom Genius, gekrönt mit glorreicher Freiheit
Sicher in edler Zurückgezogenheit, zufrieden
Im Tugendstand, scheuet nicht das Los der Natur,
Die Freuden des Heims, den Zauber des Gefühls
Mit klammernden Kindern auf dem zärtlichen Arm:
Zu eurem Segen ist der Garten des Geschmacks geöffnet,
Ganz frei könnt ihr vom Baum der Hesperiden pflücken,
Und offen jeden Kranz einer Muse annehmen,
Füllt euch den Schoß mit amaranthenen Blumen,
Fahrt weiter fort mit dieser großen Kunst
Das Gute zu greifen, doch dem Besten zu folgen.
Nutzt den Schein der Lampe, erforscht die atmende Seite der Bücher,
Und erfasst die Seele jedes unsterblichen Zeitalters.
Streicht der edle Barde noch seine alte romantische Harfe?
Erwärmt euch an der edlen Belphoebe, belebt euch an der süßen Amoret:
Spricht die Geschichte? Nehmt ihren höchsten Ton in euch auf,
Und die Tugenden der Cornelia seien ganz die euren.
So seid ihr selbst begabt, so gerüstet für jeden Stand,
Verbessert, übertrefft, krönt und unterwerft euer Schicksal,
Dann wird der aufgeklärte Mann endlich das Sklavenzeichen auslöschen,
Das der halben Menschheit eingebrannt ist –

Diese Schmach der rohen Ahnen – und er wird freudig bekennen,
Es ist eure Macht zu erheben und zu segnen,
Eure Bedeutung gleicht seiner, eure Hoffnung ist die seine,
Gerechter Friede auf Erden, unsterblicher Ruhm im Tod,
Und Seligkeit im Jenseits, das gemeinsame Ziel aller Menschen.
„Erhebe dich", wird er rufen „O Frau erhebe dich, sei frei!"
Meines Lebens Partnerin, nimm nun mit mir zusammen teil,
Wecke deine tapferen Energien, weite deine Seele aus,
Und sieh und fühle und umfasse das Ganze;
Meine tiefsten Gedanken teile klug,
Wenn ich Recht habe, bestätige mich, wenn ich irre, leite mich an,
Besänftige all meine Sorgen, verbinde dich mit all meinen Tugenden,
Und sei – meine Schwester – endlich meine Freundin."

Lucy Aikin
Epistles on Women, Exemplifying their Character and Condition in Various Ages and Nations
in:
Paula R. Feldman (ed.), British Women Poets of the Romantic Era, an Anthology (Baltimore, London, 1997)
p. 14/15 Epistle IV, Vers 19–53
Gleichberechtigung der Frauen, übersetzt von Christiane Wyrwa

Henriette Frölich [aka Jerta] (1768–1833)
1820 Virginia oder die Kolonie von Kentucky

Aus Briefen von Virginia an Adele auf dem Weg in ihre Kolonie.

Wie sehr die neuesten Begebenheiten Europa erschüttern, davon spürt man hier besonders die Wirkungen an dem Heere der Ausgewanderten, welche in den hiesigen Häfen landen. Wie die Möwen beim drohenden Sturme an das Ufer eilen, so verlassen die Menschen den gärenden Weltteil und fliehen zu unseren Friedensküsten.

Wir haben uns hier förmlich miteinander eingerichtet, eine kleine freundliche Kolonie, und es ist ganz undenkbar, uns wieder voneinander zu trennen. Welch ein Verein von jungen, munteren Kolonisten! Noch nie ist wohl ein kleiner Staat unter so günstigen Vorbedeutungen gegründet worden.

Freude über Freude! Unsere Ritter sind glücklich zurückgekehrt und haben die frohesten Nachrichten mitgebracht; alles ist vortrefflich gefunden worden. Ellison und Mucius haben noch einen großen Bezirk hinzugekauft, wovon der kultivierte Teil mit Walters Erbschaft zusammenhängt. John und seine Söhne sind zurückgeblieben, um über die Arbeiter die Aufsicht zu führen, wozu Walter Tagelöhner aus Louisville gedungen hat. Unser Baumeister hat die Risse zu den vorläufigen Gebäuden entworfen, und auch diese werden wir, durch den Fleiß reichlich bezahlter Handwerker, fertig finden. Dann aber werden wir aller Außenhülfe entsagen, und die junge Kolonie wird für die Bedürfnisse selbst sorgen. Hierzu werden alle nötigen Vorkehrungen getroffen. Alles ist voll Leben und Tätigkeit, wir alle sind nur von einem großen Gedanken begeistert. Mucius entwirft den Plan zu einem kleinen Staate, in welchem Freiheit und Gleichheit verwirklicht werden sollen; jeder Abschnitt des Entwurfs wird der Generalversammlung, in welcher auch wir Weiber eine halbe Stimme haben, vorgelegt und, nach Stimmenmehrheit, angenommen oder abgeändert, und ich denke, es wird eine Verfassung zustande kommen, woran mehrere Menschenalter nichts zu flicken finden werden. Ewig ist am Ende nichts, selbst das Sonnensystem bekommt nach Jahrtausenden einen anderen Polarstern.

Unsere jungen Weibchen sind von zwei muntern Knaben entbunden worden. Wir werden den Tag, an welchem ihnen Namen beigelegt werden sollen, mit der Vermählung sämtlicher Paare feiern und erwarten dazu nur die gänzliche Wiederherstellung der Mütter. Auch wir haben manches zu beschicken für den neuen Haushalt, welcher zwar sehr einfach, aber doch äußerst bequem eingerichtet wird; selbst unsere Kleidung wird gänzlich umgestaltet.

Der Mechanikus ist beschäftiget, unter den erfundenen Maschinen die zweckmäßigsten zu wählen; denn in einer jungen Kolonie allein ist es von unbestrittenem Vorteil, Menschenkraft und Hände zu ersparen. Es wird jetzt von nichts gesprochen als von Säemaschinen, Dreschmaschinen, Spinnmaschinen, Webemaschinen usw. Auf der anderen Seite zieht Walter Erkundigungen ein, wo die besten Arten des Rindviehs, der Schafe usw. zu haben sind. Vanhusen handelt Sämereien, Setzbäume und Propfreiser ein. Johns ganze Familie (meine Corally ist verheiratet) nebst noch zwei Schwägern und ihren Kindern rüsten sich zum Aufbruch und werden uns begleiten, sechzehn Neger und Negerinnen, die Kinder ungerechnet. Sie werden ein Dörfchen in der Nähe des unsrigen beziehen und beim Feldbau zur Hand gehen, auf welchen sich die meisten vollkommen verstehen. Daneben werden sie hinreichende Ländereien und Vieh erhalten und überhaupt so gesetzt werden, dass sie, als wohlhabende Grundbesitzer, fast uns gleich leben können. Unter den scharenweise ankommenden deutschen Ausgewanderten haben Walter und Frank zehn tüchtige und wackere Handwerker ausgewählt, welche mit ihren Familien gleichfalls ein Dorf in unsrer Nähe, Landeigentum und vorteilhafte Bedingungen erhalten. Mit ihnen sowohl als mit den Negern sind Verträge auf zehn Jahre geschlossen, und ich hoffe, sie werden, nach ihrem Ablaufe, von beiden Seiten gern verlängert werden.

Schon scheint die Sonne wärmend auf das junge Jahr, die Tulpenbäume in unseren Gärten treiben mit den Tulpen der Beete um die Wette, und die geselligen Sangvögel kehren aus den wärmeren Zonen unter unsre Zederngebüsche zurück. Morgen ist die große Feier der Hymenäen; morgen vereint mich ein öffentlicher Schwur auf ewig mit meinem Mucius. Oh, könntest du uns heute sehen, an diesem Tage der seligen Vorfeier!

O könntest Du mir doch den Brautkranz winden, meine traute Adele! Mucius übernimmt es an Deiner Statt, jeder Verlobte flicht ihn der Verlobten. Lebe wohl, Du Freundin meiner Kindheit! Zum letzten Male schreibt Dir das Mädchen Virginia, das nächste Mal Mucius' Gattin.

Wir rüsten uns zur Abreise. Alle verlassen diese gastliche Gegend ohne die leiseste Reue. An der Hand des Geliebten wandelt man ja freudig zur Unterwelt, um wie viel lieber also einem stillen Paradiese entgegen, wie wir es zu finden hoffen.

Du kennst unsere fröhliche Gesellschaft, welche sich in Marsch gesetzt hat. Wahrlich ein Völkerzug. Sämtliche Männer zu Pferde, die Frauen und das Gerät, Proviant und Maschinen auf sechzehn Wagen, die Herden unter Leitung der Neger. Unsere Handwerker bestehen in einem Schmied, Stellmacher, Zimmermann, Tischler, Schuhmacher, Töpfer, Glasmacher, Kupferschmied, Leinweber und in einem Tuchweber, sämtlich verheiratet und mit halberwachsenen

Kindern; alles rüstige Menschen, welche auch bei dem Feldbau von Nutzen sein werden.

Oh, wie schön ist hier die Natur! Die Tulpenbäume stehen in voller Blüte, neben ihnen die zarte Akazie mit ihren weißen, duftigen Blütenbüscheln; der schattende Plantan und sein Bruder, der Zuckerahorn, schützen uns gegen die Strahlen der brennend heißen Sonne; Jasmin, Geißblatt und Rosen bilden Lauben und Wände und erfüllen die Luft mit Balsamdüften; die Höhen sind mit Zedern, Tannen und Eichen bekränzt, überall vermählt sich der Norden mit dem heißeren Süden. Wie wird es sein in unserem lauen Tale am schönen Ohio! Wir werden auf Louisville gehen, um uns noch mit einigen Bedürfnissen zu versehn; dann geht's nach Eldorado, wie wir unsere Landschaft getauft haben, um es nimmer wieder zu verlassen. Möchte es doch, wie jenes Eldorado des Candide, jedem Fremden unauffindbar sein! Zwar wird er dort keine Goldstücke, keine Rubinen zu entwenden finden, aber er würde die Ruhe und den Frieden unterbrechen, welche dort ihren Wohnsitz aufschlagen werden. Fern von dem unruhigen Treiben der Welt werden unsere Tage dahinfließen, wie der Wiesenbach, dessen Wellen kein Sturm empört; kein Ehrgeiz, kein Gelddurst wird unsere Herzen bewegen, welche nur für die Liebe und die sanften Gefühle der Freundschaft schlagen; politische Meinungen werden uns so fremd sein als Religionsstreitigkeiten; keine Modetorheit wird uns berühren, kein Richter Streitigkeiten veranlassen, kein Fürst Befehle erteilen, kein Priester unseren Glauben meistern. Das goldene patriarchalische Dasein hebt für uns an, wo alle Menschen Brüder waren; und welchen Schatz von Kenntnissen und Fertigkeiten nehmen wir mit in dieses Leben hinüber!

Eldorado, im Junius 1816.

Dann traten wir alle aus unseren Hütten und gingen vereinigt zu der großen Halle, welche die gemeinschaftliche Küche und den Versammlungssaal enthält. Nun wurde das Mahl gemeinsam bereitet und gemeinsam an der langen, mit Blumen bestreueten Tafel verzehrt. Der Mond blickte hell durch die offenen Fenster und leuchtete uns erst spät zu unsren verschwiegenen Hütten. Mit der Sonne dem Lager enteilt, kleidete sich jeder, nach Übereinkunft, in die gewählte Landestracht. Die Männer tragen lange, weite Beinkleider aus baumwollenem Zeuge, Weste und Hemdsärmel, an den Füßen kurze Schnürstiefel, ohne Strümpfe, auf dem Kopf einen leichten Strohhut. Wir Frauen hingegen ein weißes kattunenes Hemd mit offenen Ärmeln, welches bis an die Knöchel reicht und die Brust bis drei Finger breit vom Halse bedeckt, darüber ein farbiges griechisches Gewand ohne Ärmel, nur bis über das Knie herabfallend und unter dem Busen gegürtet; das Haar wird geflochten, und gegen die Sonnenstrahlen schützt ein Strohhut; die Fußbekleidung ist für beide Geschlechter gleich. Diese einfache Tracht wird unabänderlich die unsre sein und soll der Mode auf ewige Zeiten den Eingang verwehren.

Mit Blumenkränzen in den Händen zogen wir zur Tempelweihe. Glänzend in der Morgensonne lag auf einer Anhöhe der heitere Tempel vor uns. Stufen führen ringsum zu ihm hinauf, zwölf Säulen tragen die einfache runde Kuppel, keine Wände wehren dem Lichte; in der Mitte steht der Altar, rund wie das Gebäude, mit der Inschrift: ‚Dem Unbegreiflichen, Ewigen, Einzigen'; ein breiter Marmorrand schließt oben die Vertiefung ein, wo die Opferflamme lodert. Hier hingen wir unsere Kränze an dem Altar und den Säulen auf, Mucius zündete das Feuer an und sprach: „Wir weihen diesen Tempel dem Ewigen, dem Schöpfer und Regierer des Weltalls, der in jeder Menschenbrust wohnt! Ihm weihen wir unsere Herzen! Wir erkennen, dass menschliche Vernunft sich nicht bis zu ihm erheben kann, sowenig als wir uns von der Ewigkeit und Unendlichkeit einen klaren Begriff zu machen vermögen, dass also die verschiedenen Vorstellungen und Mythen der Völker menschliche Erkenntnisse sind und mehr und minder irren, dass aber in allen eine und dieselbe Wahrheit herrscht. Er ist unser Schöpfer und Erhalter, der Geber alles Guten, *ihm* sind wir Dankbarkeit und Ergebung schuldig." Wir knieten alle um die heilige Flamme, und im stillen, heißen Gebet erhoben sich unsere Herzen zum Ewigen. Fröhlich kehrten wir zurück zum einfachen Frühmahle. Dann durchgingen wir unsere nächsten Umgebungen, ein wahres Paradies, in welchem sich fast alle Zonen des Erdkreises zu verbinden scheinen.

Die Getreideernte ist überreich gewesen. Die Dreschmaschinen sind im Gange, und die Kornmühle klappert, hoch aufgespeichert liegen die goldenen Kolben des Mais; die Trauben schwellen, die Äpfel röten sich und versprechen köstlichen Zider. Wir haben das Erntefest gefeiert und werden noch vor dem Herbstfeste eine Wanderung längs unserer südlichen Grenze hin unternehmen – zu den Chickasaws und den Irokesen, welche unsere Grenznachbarn sind.

Die Wilden gehörten zu dem Stamm der Chickasaws, wir wurden von ihnen sehr freundschaftlich begrüßt, und sie rauchten mit unseren Männern die Bundespfeife. Von ihnen erfuhren wir, dass eine Tagereise jenseits des Flusses sich Salzquellen befinden, aus welchen sie eine Menge Salz gewinnen, welches freilich noch einiger Reinigung bedarf, dann aber vortrefflich werden wird. Sie schenkten uns einen Beutel voll, und wir gaben ihnen dagegen Tabak, Backwerk und einiges buntes Töpfergerät, mit welchem Tausche sie höchst zufrieden schienen.

Der nächste Morgen führte uns einen Haufen Irokesen zu, welche der Rehjagd wegen den Grenzwald zu besuchen kommen. Diese Uramerikaner, welche man Wilde nennt, sind äußerst gutmütige Menschen, und ihre Sitten beschämen die der Europäer. In dem nördlichen Kanada mag die Not und die rauhere Natur sie wohl gefühlloser und roher machen, doch hier trifft man nur Züge der sanftesten Menschlichkeit.

Sie trennten sich mit vielen Freundschaftsbezeugungen von uns, und wir kehrten zu unserer Barke zurück. Die Fahrt hinab ging nun schneller und bequemer. Am folgenden Abend langten wir fröhlich bei unseren Wohnungen an.

Am 14. Julius dieses Jahres wurde mein Geburtstag dadurch gefeiert, dass die Grundgesetze der Kolonie allen Einwohnern der drei Dörfer im Tempel vorgelesen und in einem Behältnisse unter dem Altare niedergelegt wurden. In jedem Jahre sollen sie an diesem Tage aufs neue verlesen und so soll dieser uns allen merkwürdige, mir aber insbesondere beziehungsreiche Tag auf ferne Zeiten hin geweiht werden.

Henriette Frölich [aka Jerta]
Virginia oder die Kolonie von Kentucky. Mehr Wahrheit als Dichtung
(Berlin 2015), herausgegeben von Michael Holzinger
p. 120–139 Verfassung von Eldorado und Ausflug zu den Grenznachbarn

Mary E. Bradley Lane (1844–1930)
1880 Mizora. A Prophecy

Vera Zarovitch, die Ich-Erzählerin, erkundet die Bedingungen des harmonischen und perfekten häuslichen Lebens im Wunderland von Mizora. Erst wird sie von der Präzeptorin belehrt, dann besucht sie die Küche der Freundin Wauna.

Der hohe Stand der Kultur, den die Menschen von Mizora erlangt hatten, erlaubte einen luxuriösen Lebensstil für alle. Viele Dinge, die ich als exklusive Privilegien der Reichen kennengelernt hatte, standen hier allen zur Verfügung. Es gab keine Klassenunterschiede; keine edel-armen Leute, die sich Notwendigkeiten versagten, um dafür als Luxusbesitzer zu erscheinen. Ich betrat kein Heim in Mizora – und ich hatte Zugang zu vielen – das nicht in jeder Hinsicht den Eindruck von Wohlstand erweckte.

Ich bat die Präzeptorin, mir zu erklären, wie ich diese gesellschaftliche Zufriedenheit, diese Gleichstellung von physischem Komfort und Luxus zu den Menschen meines Landes überbringen könnte. Sie antwortete mir entschieden:

„Klären Sie sie auf. Überzeugen Sie die Reichen, dass sie für ihre eigene Sicherheit sorgen, wenn sie die Armen ausbilden. Sie müssen dann weniger Gefängnisse bauen und Gerichtshöfe unterhalten. Ausgebildete Arbeiter erschaffen sich ihr eigenes Heil gegen das Kapital. Gebt den Kindern der Schuftenden dieselben Bildungsvorteile ins Leben mit, die von den Reichen genossen werden. Gebt ihnen dieselbe körperliche und moralische Ausbildung, und lasst die Reichen dafür Steuern zahlen." Ich schüttelte den Kopf. „Die werden sich nie darein fügen", gestand ich unter Zögern ein.

„Appellieren Sie an ihren Eigennutz", mahnte die Präzeptorin, „Bringen Sie sie dazu, die Türen der Hochschulen zu öffnen und alle bitten zu kommen und ohne Geld und ohne Preis unterrichtet zu werden. Die Macht des Kapitals ist groß, aber karge und unwissende Schufterei wird sich gegen die Unterdrückung erheben, und Schuld und Unschuld werden gleichermaßen unter dem Wutausbruch leiden. Haben Sie noch nie so etwas erlebt?"

„Nicht zu meiner Zeit oder in meiner Heimat", antwortete ich, "aber die Stadt, wo ich zur Schule ging, hatte so eine Geschichte. In der Gosse floss Menschenblut, das Blut der Adligen."

Sie neigte bedeutsam ihren Kopf. „Das wird wieder geschehen", sagte sie traurig, „wenn ihr die Menschen nicht ausbildet. Verleiht ihrem wachen und tätigen Bewusstsein die Macht des Wissens. Sie werden das klug nutzen, sowohl zu ihrem als auch zum Wohle ihres Landes."

Die Präzeptorin sagte ernsthaft, „Sie müssen sich den unermesslichen Nutzen vorstellen, der ihrem Volk aus der Bildung der Armen erwächst. Drängen Sie ihre Regierung, es bloß für 20 Jahre zu versuchen, lang genug, dass eine Generation geboren wird und heranwächst. Der wache und eifrige Verstand der Armen wird sich der Chemie zuwenden und die Probleme von billigem Licht, billigem Brennstoff und billiger Nahrung lösen. Wenn sie aus den Fasern der Bäume Kleidung machen und die Wohnungen mit dem Wasser der Flüsse beleuchten und wärmen und aus den Steinen Essen herstellen, dann werden für ihre Leute Armut und Krankheit genauso unbekannt wie für meine." – „Wenn ich ihnen das propagierte, würden sie mich für verrückt erklären." – „Das würden doch nur die Unwissenden tun. Von den Beschreibungen der großen Denker ihres Landes glaube ich, dass es bei ihnen Menschen gibt, die fortgeschritten genug sind, um davon überzeugt zu werden." Ich dachte daran, wie gegen Dampfschiffe, die Eisenbahn und Telegraphie opponiert und gespottet wurde, bis sie sich als praktikabel erwiesen hatten, und ich fasste Mut und beschloss, dem Rat meiner weisen Beraterin zu folgen.

Ich war schon lange neugierig, die inneren Vorgänge im Leben der Hausangestellten zu erfahren, und eines Tages bat ich meine Freundin um Erlaubnis, ihre Küche zu betreten. Die Frage löste Erstaunen aus, doch als ich begann, mich zu entschuldigen und zu erklären, lächelte meine Gastgeberin und sagte: „Meine Küche ist immer für meine Gäste genauso zugänglich wie mein Salon." Jede Küche in Mizora ist gleich gebaut und wird gleich geführt, wenn ich also eine beschreibe, gilt das für alle. Ich erklärte, dass in meinem Land kein wohlerzogener Gast eine Küche betritt, denn der Anblick von Geräten und Köchin würde nicht zum Genuss der zubereiteten Speisen beitragen.

Mein erster Besuch war zufällig am Putztag, und ich sah belustigt, wie eine kleine Maschine mit angefügten Bürsten und Schwämmen schnell über den Boden glitt und dabei wischte und trocknete. Zwei Gefäße, eines mit Seifenlauge und eines mit klarem Wasser waren durch Röhren mit den Bürsten verbunden. Sobald der Trockenschwamm nass war, wurde er durch ein geniales, aber einfaches Gerät in eine Schüssel gehoben, ausgepresst und wieder auf den Boden gesetzt. Ich fragte, wie man die Bewegung so ausrichten kann, dass der gesamte Boden gereinigt wird. Ich sollte schauen, wie die Maschine an die Wand fährt. Dort sah ich, dass dieser Schub nicht nur die Richtung umkehrt, sondern auch in der ganzen Breite etwa zwei Fuß nach rechts schiebt, so dass eine neue Bahn bearbeitet und an der gegenüber-liegenden Wand wieder umgedreht wird. Teppichböden werden mit einem ähnlichen Gerät gereinigt. Kein Wunder, dass die „Künstlerinnen" der Küche so gepflegt aussahen. Sie tauchten ihre hübschen Hände in parfümiertes Wasser und trockneten sie mit feinem weißen Damast, während die Maschinen die grobe Arbeit erledigten.

Ich entdeckte, dass Mizora ein Land der Kopfarbeiterinnen war. Für jede berufliche Tätigkeit übernehmen Maschinen die harte körperliche Arbeit. Die gesamte Haushaltsabteilung war ein Wunder von genialen mechanischen Geräten. Geschirrwaschen, Scheuern und alle Arten der Reinigung wurden von Maschinen erledigt.

Die Präzeptorin sagte mir, das sei ein Ergebnis der Aufklärung und es würde auch in meinem Land Sitte, die harte Arbeit von Maschinen verrichten zu lassen, wenn sie den Wert universeller und fortgeschrittener Bildung verstehen würden.

Ich beobachtete, dass die Nahrung mit größer Sorgfalt zubereitet wurde. Jede Köchin war eine ausgezeichnete Chemikerin. Eine weitere Sitte erschien mir radikal verschieden von den Gebräuchen meines Landes. Alles wurde bedeckt unter Heißluft gekocht, so dass kein Geruch zu verspüren war. Ventilatoren bewegten den Kochdunst nach draußen. Gemüse und Früchte schienen auf diese Weise einen reicheren Geschmack zu bekommen. Die Würzung wurde genau abgemessen, und es gab kein Umrühren und Abschmecken. Eine Glasröhre wie ein Thermometer zeigte an, wann alles gar war. Die Perfektion der kochenden Chemikerinnen erfreute mich sehr, sowohl was den köstlichen Geschmack angeht wie die bekömmliche Wirkung auf meine körperliche Verfassung. Was den Geschmack angeht, könnte eine Mahlzeit von einer Köchin in Mizora in Konkurrenz mit dem sagenhaften Mahl der Götter treten. Die segensreichen Wirkungen zeigten sich bei mir an einer gesunden Straffung des Körpers und einem Zuwachs an Lebenskraft, einem angenehmen Gefühl von Zufriedenheit und Freundlichkeit.

Die Präzeptorin sagte mir, der erste Schritt zur Ausrottung von Krankheiten sei die wissenschaftliche Zubereitung der Nahrung und die Gründung von Schulen, wo Kochen als Kunst für alle Bewerberinnen kostenfrei gelehrt wird. Eine naturwissenschaftliche Grundlage verleiht dem Kochen Ansehen.

„Es ist unser ständiges Bestreben, schädliches Erdmaterial aus unserer Nahrung zu entfernen. Nur dadurch erreichen wir Immunität vor Alterserscheinungen lange vor der Zeit, wenn bei euch die Menschen altersschwach und senil werden. Der menschliche Körper ist wie der Docht einer Kerze, der beim Versorgen mit Licht das Öl ausfiltert. Wenn der Docht verstopft und nutzlos wird, wirft man ihn weg. Wenn das Öl völlig rein wäre, würde der Docht nicht verstopfen."

Sie begleitete diese schlichte Erklärung mit einem Lächeln in der Art, wie eine erwachsene Person einem unreifen Kind die Naturerscheinungen vermittelt.

Als ich über ihre Gesellschaftsformen nachdachte, kam ich zu der Überzeugung, dass es keine menschliche Beschäftigung ohne Nutzen und Notwendigkeit gibt, und wenn man sie kultiviert und verfeinert, dann besitzt sie auch Würde. Ein Baum hat eine Million Blätter, und jedes Blatt, so unbedeutend es erscheint, hat seine spezifische Aufgabe auszuführen und hilft dem Baum zu leben und seine Früchte vollkommen werden zu lassen. So sollte jeder Bürger einer Regierung zu ihrer Lebenskraft beitragen und einen Anteil des Gewinns erhalten.

„Wird jemals die Zeit kommen", fragte ich mich, „wenn mein eigenes Land diese Einsicht teilen kann und dadurch zu gesellschaftlicher, wenn nicht sogar intellektueller Gleichheit empor gelangen."

Und die Ermahnung der Präzeptorin kam mir wieder in den Sinn:

„Ihr müsst den Menschen Bildung zukommen lassen. Gebt ihnen Bildung und die Aufklärung wird für jedes Problem der Gesellschaft eine Lösung haben."

Meine Beobachtungen in Mizora ließen mich verstehen, dass die Natur zwar das Anwachsen der Gleichheit bei kulturellen Fähigkeiten erlaubt und ermutigt, aber noch stärker bewirkt sie die Vorherrschaft des Intellekts.

Bei der Dame, die mich durch die Küchenabteilung führte, mir die Maschinen zeigte und ihre praktische Nutzung erklärte, war dasselbe anmutige und würdige Verhalten zu beobachten wie bei der Chefin des Wintergartens, als sie mir die seltenen Pflanzen dort erklärte.

„Wir bekommen jetzt noch", sagte meine würdevolle Lehrerin „all unsere Früchte und Gemüse aus der Erde. Wir haben Obstgärten und Weingärten, die wir sorgfältig pflegen und unsere Kenntnisse der Chemie bewahren uns die Gesundheit und Produktivität. Aber es gibt immer Erdbestandteile in der Nahrung aus der Bodenkultur, und in den Laboratorien wird an der Herstellung von künstlichen Früchten und Gemüse gearbeitet, die gut schmecken und frei von Schadstoffen sind."

Mary E. Bradley Lane
Mizora. A Prophecy
(Leipzig o.J., Amazon Distribution)
p. 27–29 (I, 6) Haushalt, Putzen, Kochen
übersetzt von Christiane Wyrwa

Elizabeth Burgoyne Corbett (1846–1930)
1889 New Amazonia. A Foretaste of the Future

Die Prinzipalin Helen Grey hat der verwunderten Ich-Erzählerin bei ihrem Besuch im Jahre 2472 ein umfangreiches Geschichtsbuch „The History of Amazonia" zur Lektüre gegeben. Darin wird in Kapitel sechs erklärt, wie der nur von Frauen geführte Staat Neu-Amazonien nach seiner Abspaltung vom Mutterland als unabhängiges Staatswesen verwaltet werden sollte. Anschließend informiert sich die Erzählerin über die dort eingeführten Formen der Wirtschaft und des gesellschaftlichen Lebens.

Es wurde vorgesehen, dass die Regierung aus einer Anführerin, zwei Haupt-Beraterinnen, zwölf Staatsrätinnen und 250 Tribuninnen bestehen sollte, die alle vom Volk gewählt wurden. Als vorbereitende Maßnahme wurden aber zunächst vom Parlament fünfzig Amtseinführerinnen gewählt, denen die Verantwortung zufiel, die Frauen auszuwählen, die Mitglieder der neuen Republik werden wollten. Sie waren in fünf Kommissionen mit je zehn Mitgliedern aufgeteilt, die für die Finanzen, die Medizin, die Gesellschaft, die Politik und die Religion zuständig waren. (...)

Bald nachdem die Amtseinführerinnen im Schloss von Dublin eingesetzt waren, wurde eine allgemeine Wahl ausgerufen und alle Mitglieder der Verfassung wurden ordnungsgemäß gewählt.

Diese Wahlen sollen alle drei Jahre abgehalten werden und keine der gewählten Amtsinhaberinnen kann länger als zwei aufeinanderfolgende Parlamentsperioden im Dienst bleiben. Das gesamte Land wurde in 250 Distrikte aufgeteilt, und jeder davon wählte seine eigene Tribunin und sorgte für den Lebensunterhalt der Tribunin während ihrer Amtszeit.

Die Gehälter der Anführerin, der zwei Haupt-Beraterinnen und der Staatsrätinnen wurden stufenweise gesteigert und vom Staat finanziert. Die staatlichen Einkünfte bildeten eine besorgniserregende Frage, die schließlich eine Lösung fand und durch gegenwärtige Regelungen ergänzt wurde.

Nur der Staat durfte Waren importieren, privater Wettbewerb war nicht gestattet. Steuer auf Waren gehört daher der Vergangenheit an. Alle Waren im Land wurden vom Staat bezahlt und gegen eine prozentuale Profitabgabe an Großhändler mit genügend Kapital für solche Geschäfte abgegeben. Es wurden sorgfältige Tarife erstellt, für Bedarfsartikel erhob der Staat fünf Prozent, aber Luxusartikel ergaben zwanzig Prozent für den Staat. Von den Großhändlern ging die Ware an Einzelhändler, die sie zu den Bewohnerinnen brachten. Um zu verhindern, dass die größten Kapitalisten den gesamten Handel aufsaugten, durften verschiedene Zweige nicht nur von einer kaufmännischen oder einzelhändlerischen Person betrieben werden. (...)

Da der Handel des Landes durch die Energie und Entschlossenheit der neuen Bewohnerinnen stetig anwuchs, entstanden daraus enorme staatliche Einkünfte, so dass keine Art der Besteuerung für nötig erachtet wurde. So entstand zum ersten mal ein hoch zivilisiertes Land, in dem kein Steuer-Eintreiber existierte.

Da jede Art der Beschäftigung, bei der man gesehen wird, von Frauen ausgeführt wurde, diskutierte man schon bald die Frage einer praktischen Arbeitskleidung, die zugleich passend, gesund, wärmend und kleidsam sein sollte.

Nach vielen Debatten und energischer Opposition einiger Vertreterinnen der wechselnden Moden, entschloss man sich zu einem besonderen Nationalkostüm, das obligatorisch wurde. Heutige Bürgerinnen von Neu-Amazonien können kaum mehr glauben, dass Tausende von Frauen den barbarischen Kleidungsstil früherer Zeiten nur sehr zögerlich aufgaben und das neue Nationalkostüm des Landes zuerst harter Kritik ausgesetzt war.

In Garrettville wird in einem Museum ein Instrument der Tortur ausgestellt, das als Korsett bezeichnet wurde. Es hat eine Breite von höchstens 45 Zentimetern und es ist eine kaum glaubliche Tatsache, dass dieses Instrument in der Vergangenheit die Taille einer Frau umspannte, die einer der verrücktesten und dümmsten je eingeführten Moden folgte, wenn sie mutwillig ihre Rippen aus dem natürlichen Sitz drängte und sich so ein frühes Grab schaufelte, nur um die Gunst eines Idioten aus dem anderen Geschlecht zu erlangen, der Moden und Arztrechnungen der Gesundheit und dem Wohlbefinden vorzog.

Die Kinder, die mit ihren Müttern nach Neu Amazonien kamen, wurden in bereits bestehenden großen Gebäuden untergebracht, bis geeignete Häuser für ihre Aufnahme entworfen und gebaut werden konnten. Ihre Aufsicht und Erziehung war zunächst den Müttern anvertraut, die unter der Leitung einer Belegschaft von ausgebildeten Lehrerinnen standen.

Bis zum zehnten Geburtstag eines Kindes lag das einzige Ziel in der Ausbildung der körperlichen Anlage. Sorgfältigste Aufmerksamkeit galt der Ernährung, alle notwendigen warmen, fleischigen und stärkebildenden Anteile für ihren Bedarf wurden so geschmackvoll gekocht und ihnen gereicht, wie es wissenschaftliche Methoden für den Aufbau eines perfekten Körpersystems erfordern.

Der Lehrplan für die Jugendlichen unter zehn bestand aus Schwimmen, Laufen, Tanzen, Freiübungen, Gymnastik und jeder körperlich gesundheitsfördernden Form des Spiels. Im früheren Land hatten tausende von den Kleinen unter körperlichem Mangel und Verfall durch ständige Gehirntätigkeit gelitten, die ein sinnloses System der Paukerei und der Prüfungen damals notwendig machte. In Neu Amazonien waren die Kinder beim Schuleintritt mit zehn Jahren körperlich robust; sie hatten einen gesunden, starken Geist in einem gesunden, starken Körper und waren mühelos imstande, in zwei Jahren mehr zu lernen als in den sieben Jahren der früheren Schulpflicht.

Die Schulausbildung wurde sechs Jahre lang verfolgt, dann wurde ein Handwerk oder eine Berufstätigkeit ausgewählt, die den Fähigkeiten der Studierenden entsprach. Die nächsten vier Jahre dienten dem Erlernen des Berufs, und das Einkommen der folgenden fünf Jahre war für den Staat bestimmt als Vergütung für die hohen Ausgaben des Unterhalts und der Erziehung der Heranwachsenden unter zwanzig.

Ab dem Alter von fünfundzwanzig stand es jeder Bürgerin frei, über ihre Verdienste zu bestimmen, wie sie wollte, aber es wurde auch erwartet, dass sie künftig selbst für Wohnung und Unterhalt sorgte.

Da die Männer nicht für irgendwelche höheren Ämter zugelassen waren, wanderten einige von ihnen aus, andere blieben aber gern zurück, nahmen verschiedene Berufe an und wurden so zu anerkannten und nützlichen Mitgliedern der Gemeinschaft.

Elizabeth Burgoyne Corbett
New Amazonia. A Foretaste of the Future
(Fairford 2018)
p. 31–33 politisches System, Kindererziehung
übersetzt von Christiane Wyrwa

Rokeya Sakhawat Hossain (1880–1932)
1905 Sultana's Dream

Eines Abends saß ich bequem in einem Sessel meines Schlafzimmers und ließ mir ruhig die Lage der Frauen in Indien durch den Kopf gehen. Ich weiß nicht, ob ich vielleicht einnickte. Soweit ich mich erinnern kann, war ich aber hellwach. Ich sah ganz deutlich, wie der mondhelle Himmel mit tausend diamantengleichen Sternen glitzerte.

Ganz plötzlich stand eine Dame vor mir; wie sie hereingekommen war, weiß ich nicht. Ich hielt sie für meine Freundin, Schwester Sara.

„Guten Morgen“ sagte Schwester Sara. Innerlich lächelte ich, denn ich wusste, es war nicht Morgen, sondern sternklare Nacht. Aber ich antwortete ihr und sagte: „Wie geht es dir?“

„Danke, mir geht es gut. Kannst du bitte herauskommen und unseren Garten anschauen?“

Ich schaute noch mal durch das offene Fenster auf den Mond und dachte, das kann ja nicht schlimm sein, um diese Zeit herauszugehen. Die Diener draußen würden jetzt fest schlafen, und ich könnte mit Schwester Sara einen schönen Spaziergang machen.

Ich hatte immer Spaziergänge mit Schwester Sara gemacht, als wir in Darjeeling waren. Oft sind wir Hand in Hand gegangen und haben uns dort im Botanischen Garten unbekümmert unterhalten. Ich dachte, Schwester Sara sei wahrscheinlich gekommen, um mich in einen solchen Garten zu führen, und ich nahm ihr Angebot gern an und ging mit ihr nach draußen.

Beim Spaziergang stellte ich zu meiner Überraschung fest, dass es ein schöner Morgen war. Die Stadt war völlig wach und in den belebten Straßen drängten sich die Menschen. Vom Gedanken, bei hellem Tageslicht auf der Straße herumzulaufen, wurde ich ganz eingeschüchtert, aber es war kein einziger Mann zu sehen.

Einige der Vorübergehenden machten Witze über mich. Zwar konnte ich ihre Sprache nicht verstehen, aber ich war sicher, dass sie spotteten. Ich fragte meine Freundin, „Was sagen sie denn?“

„Die Frauen sagen, dass du sehr männlich aussiehst.“

„Männlich“, sagte ich: „was meinen sie denn damit?“

„Sie meinen, dass du so schüchtern und ängstlich bist wie Männer.“

„Schüchtern und ängstlich wie Männer?“ Das war ja wirklich ein Witz. Ich wurde sehr nervös, als ich feststellte, dass meine Begleiterin nicht Schwester Sara war, sondern eine Fremde.

Oh, wie dumm von mir, dass ich diese Dame mit meiner lieben alten Freundin Schwester Sara verwechselt hatte.

Sie fühlte, wie meine Finger in ihrer Hand zitterten, als wir Hand in Hand entlang gingen.

„Was ist denn los, meine Liebe", sagte sie teilnehmend. „Ich fühle mich irgendwie ungeschickt", sagte ich eher entschuldigend, „als Frau in der Abschottung Purdah bin ich nicht daran gewöhnt, unverschleiert herumzulaufen."

„Hier brauchst du nicht zu fürchten, einem Mann zu begegnen. Das ist das Land der Frauen, frei von Sünde und Leid. Hier herrscht die Tugend selbst."

Allmählich begann ich, die Landschaft zu genießen. Es war wirklich großartig. Ich hielt einen grünen Grasflecken für ein samtenes Kissen. Im Gefühl, als liefe ich über einen weichen Teppich, blickte ich zu Boden und fand den Weg ganz mit Moos und Blumen überwuchert.

„Wie schön das ist" sagte ich.

„Gefällt es dir?" fragte Schwester Sara. (Ich nannte sie weiter ‚Schwester Sara' und sie nannte mich weiter mit meinem Namen.)

„Ja, sehr; aber ich mag gar nicht auf die schönen zarten Blumen treten."

„Das macht doch nichts, liebe Sultana; dein Tritt wird ihnen nichts schaden, das sind bloß Straßenblumen."

„Der ganze Ort sieht wie ein Garten aus", sagte ich bewundernd. „Ihr habt die Pflanzen alle so geschickt angeordnet."

„Euer Kalkutta könnte noch ein schönerer Garten werden als dieser, wenn deine Landsleute es nur machen wollten."

„Die würden das für nutzlos halten, sich so viel um die Gartenkultur zu kümmern, während sie so viel anderes zu tun haben."

„Eine bessere Ausrede könnten sie nicht finden", sagte sie lächelnd.

Ich wurde immer neugieriger zu erfahren, wo die Männer waren. Beim Spaziergang dort begegnete ich mehr als hundert Frauen, aber keinem einzigen Mann.

„Wo sind die Männer", fragte ich sie.

„Da wo sie hingehören, dort, wo sie sein sollen."

„Bitte sag mir doch, was meinst du mit ‚wo sie hingehören'".

„O, jetzt verstehe ich meinen Fehler, du kannst ja unsere Sitten nicht kennen, da du noch nie hier warst. Bei uns schließen wir die Männer drinnen im Haus ein."

„So wie wir in dem abgetrennten Wohnbereich, unserer zenana gehalten werden?"

„Genau so."

„Wie lustig", ich fing an zu lachen und Schwester Sara lachte mit.

„Aber, liebe Sultana, wie ungerecht ist es, wenn die harmlosen Frauen drinnen eingeschlossen werden und die Männer frei herumlaufen."

„Warum? Es ist doch nicht sicher für uns, aus der zenana herauszukommen, weil wir von Natur aus schwach sind."

„Ja, es ist nicht sicher, wenn die Männer auf den Straßen sind, und es ist auch nicht sicher, wenn ein wildes Tier auf einen Marktplatz eindringt."

„Natürlich nicht."

„Stell dir mal vor, ein paar Verrückte rücken aus ihrer Anstalt aus und fangen an, alles mögliche Unheil anzustellen mit Menschen, Pferden und anderen Geschöpfen; was würden deine Landsleute in so einem Fall tun?"

„Sie werden versuchen, sie einzufangen und zurück in ihre Anstalt zu bringen."

„Na siehst du! Und du hältst es nicht für gescheit, gesunde Leute in eine Anstalt zu zwängen und die Geisteskranken frei herumlaufen zu lassen?"

„Natürlich nicht", sagte ich leicht lächelnd.

„In deinem Land wird aber genau das gemacht! Die Männer, die endloses Unheil anstellen oder wenigstens anstellen können, laufen frei herum, und die unschuldigen Frauen werden in der zenana eingesperrt! Wie könnt ihr euch auf diese untrainierten Männer draußen verlassen?"

„Wir haben keinen Einfluss und keine Stimme bei der Gestaltung gesellschaftlicher Ordnung. In Indien ist der Mann der Herr und Meister. Er hat sich alle Macht und alle Privilegien angeeignet und die Frauen in der zenana eingesperrt."

„Warum gestattet ihr, dass ihr eingesperrt werdet?"

„Weil man nichts dagegen machen kann, sie sind stärker als Frauen."

„Ein Löwe ist stärker als ein Mensch, aber deswegen kann er die Menschen nicht beherrschen. Ihr habt eure Selbstachtung vernachlässigt und ihr habt eure angeborenen Rechte verloren, weil ihr die Augen vor eurem eigenen Wohlergehen geschlossen habt."

„Aber meine liebe Schwester Sara, wenn wir alles selber machen, was tun dann die Männer?"

„Verzeihung, die sollten gar nichts tun; sie taugen zu nichts. Fangt sie einfach ein und sperrt sie in die zenana."

„Aber wäre das ganz leicht, sie zu fangen und in die vier Wände einzusperren?", fragte ich. „Und selbst wenn man es geschafft hätte, würden ihre ganzen Geschäfte – politische und wirtschaftliche – auch mit ihnen in die zenana gehen?"

Schwester Sara antwortete nicht. Sie lächelte nur sanft. Vielleicht hielt sie es für nutzlos, mit jemandem zu rechten, der nicht gescheiter war als ein Frosch im Brunnen.

Inzwischen waren wir bei Schwester Saras Haus angekommen. Es stand in einem schönen herzförmigen Garten. Es war ein Bungalow mit einem Wellblechdach. Es war kühler und angenehmer als irgendeines unserer reichen Gebäude. Ich kann gar nicht beschreiben, wie ansehnlich und wie schön möbliert und wie geschmackvoll ausgestattet es war.

Wir saßen nebeneinander. Sie brachte aus dem Salon eine Stickerei und begann ein neues Muster aufzulegen.

„Kannst du stricken und Nadelarbeiten machen?"

„Ja, wir haben ja sonst nichts zu tun in unserer zenana."

„Aber wir vertrauen unseren zenana Bewohnern keine Stickerei an!" sagte sie lachend, „weil ein Mann nicht genug Geduld hat, um einen Faden gerade durch das Nadelöhr zu stecken!"

„Hast du das alles selbst gemacht?" fragte ich und zeigte auf verschiedene gestickte Tücher für die Teetischchen.

„Ja".

„Wie findest du nur Zeit für all diese Sachen? Musst du nicht auch im Büro arbeiten?"

„Ja. Ich bleibe aber nicht den ganzen Tag im Labor. Ich schaffe meine Arbeit in zwei Stunden."

„In zwei Stunden. Wie kriegst du das hin? In unserem Land arbeiten die Beamten – zum Beispiel die Friedensrichter – jeden Tag sieben Stunden."

„Ich habe einige bei ihrer Arbeit beobachtet. Glaubst du, sie arbeiten die ganzen sieben Stunden?"

„Natürlich machen sie das."

„Nein, liebe Sultana, das stimmt nicht. Sie vertrödeln ihre Zeit beim Rauchen. Sie rauchen zwei oder drei choroots – diese Zigarrillos – während der Bürozeit. Reden tun sie viel über ihre Arbeit, aber schaffen tun sie wenig. Stell dir vor, ein choroot braucht eine halbe Stunde Brennzeit, und ein Mann raucht täglich zwölf Stück davon; also dann verschwendet er jeden Tag sechs Stunden bloß mit dem Rauchen."

Wir sprachen über verschiedene Themen und ich erfuhr, dass bei ihnen keine epidemischen Krankheiten vorkommen und sie nicht unter Moskito-Stichen leiden wie wir. Ich war sehr erstaunt zu hören, dass niemand in Ladyland jung stirbt bis auf seltene Unfälle.

Sie fragte mich, „Würdest du gern unsere Küche sehen?"

„Mit Vergnügen", sagte ich und wir gingen zum Anschauen. Natürlich waren die Männer gebeten worden, sich zurückzuziehen, als ich dort hineinkam. Die Küche war in einem wunderschönen Gemüsegarten gelegen. Jedes Rankengewächs, jede einzelne Tomatenpflanze war ein richtiges Schmuckstück. Es gab keinen Rauch und auch keinen Schornstein in der Küche – alles war strahlend sauber; die Fenster waren mit Blumenkästen geschmückt. Es gab kein Zeichen von Kohle oder Feuer.

„Wie kocht ihr denn?", fragte ich.

„Mit Sonnenhitze", sagte sie, indem sie mir das Rohr zeigte, durch das konzentriertes Sonnenlicht und Hitze eindrangen. Und dann kochte sie gleich dort etwas, um mir den Vorgang zu zeigen.

Verwundert fragte ich sie, „Wie habt ihr das denn hingekriegt, die Sonnenhitze zu sammeln und zu speichern?"

„Dazu muss ich dir ein bisschen von unserer früheren Geschichte erzählen. Vor dreißig Jahren, als unsere jetzige Königin dreizehn Jahre alt war, erbte sie den Thron. Sie war nur dem Namen nach Königin, in Wirklichkeit herrschte der Premierminister über das Land.

Unsere gute Königin liebte die Naturwissenschaften sehr. Sie gab eine Anweisung aus, dass allen Frauen ihres Landes Bildung zuteil werden sollte. Daher also wurde eine Anzahl von Mädchenschulen gegründet und von der Regierung unterstützt. Überall wurde die Bildung der Frauen verbreitet. Und auch die Frühehen wurden verboten. Keine Frau durfte vor ihrem 21. Geburtstag heiraten. Vor diesem Wandel, das muss ich dir sagen, wurden wir streng in Purdah gehalten."

„So wurde also der Spieß umgedreht", fuhr ich lachend dazwischen.

„Aber die Abschottung ist gleich", sagte sie. „Nach wenigen Jahren hatten wir getrennte Universitäten, in denen keine Männer zugelassen waren.

In der Hauptstadt, wo unsere Königin lebt, gibt es zwei Universitäten. Bei einer davon erfanden sie einen wunderbaren Ballon, an den mehrere Röhren angefügt sind. Es gelang ihnen, diesen Fesselballon schwebend über den Wolken zu halten und dadurch so viel Wasser aus der Atmosphäre abzuziehen, wie sie wollten. Da das Wasser unaufhörlich von den Universitätsleuten abgepumpt wurde, konnten sich keine Wolken bilden, und dadurch verhinderte die geniale Uni-Rektorin Regen und Stürme."

„Wirklich! Jetzt verstehe ich auch, warum es hier keinen Schlamm gibt!", sagte ich. Aber ich konnte nicht verstehen, wie es möglich sein sollte, Wasser in diesen Röhren anzusammeln. Sie erklärte mir, wie das gemacht wird, aber ich konnte das nicht verstehen, weil meine naturwissenschaftlichen Kenntnisse sehr beschränkt sind. Sie erzählte jedoch weiter. „Als das an der anderen Universität bekannt wurde, weckte das heftige Eifersucht und sie versuchten, etwas noch Außergewöhnlicheres zu unternehmen. Sie erfanden ein Gerät, mit dem sie so viel Sonnenhitze ansammeln konnten, wie sie wollten. Und sie hielten die Hitze gespeichert, um sie so an andere zu verteilen wie sie benötigt wurde.

Während die Frauen mit naturwissenschaftlicher Forschung beschäftigt waren, verstärkten die Männer eifrig ihre militärische Macht. Als sie erfuhren, dass es an den Frauen-Universitäten gelungen war, Wasser aus der Atmosphäre abzuziehen und Hitze von der Sonne anzusammeln, lachten sie die Universitätsbeschäftigten aus und nannten das ganze ‚einen sentimentalen Albtraum'".

„Eure Leistungen sind wirklich ganz wunderbar! Aber sag mir doch, wie habt ihr es geschafft, die Männer eures Landes in zenana zu bringen. Habt ihr sie zuerst in eine Falle gelockt?"

„Nein".

„Es ist unwahrscheinlich, dass sie ihr freies Leben an der frischen Luft von sich aus aufgegeben haben und sich in die vier Wände der zenana gezwängt! Man muss sie überwältigt haben."

„Ja, so war es auch!"

„Wer hat das gemacht? Ich nehme an, ein paar kriegerische Damen?"

„Nein, nicht mit Waffen."

„Ja, das geht auch nicht. Die Waffen der Männer sind stärker als die der Frauen. Also wie?"

„Mit dem Gehirn."

„Sogar ihre Gehirne sind größer und schwerer als die der Frauen. Oder etwa nicht?"

„Ja, aber was macht das schon? Ein Elefant hat auch ein größeres und schwereres Gehirn als ein Mensch. Aber Menschen können einen Elefanten in Ketten legen und nach ihren eigenen Vorstellungen einsetzen."

„Gut gesagt, aber sag mir bitte, wie das alles wirklich passiert ist. Ich möchte das unbedingt wissen."

„Die Gehirne der Frauen sind ein bisschen schneller als die der Männer. Vor zehn Jahren, als die Militäroffiziere unsere wissenschaftlichen Entdeckungen ‚einen sentimentalen Albtraum' nannten, wollten einige der jungen Damen etwas auf diese Bemerkungen entgegnen. Aber die beiden Rektorinnen hielten sie zurück und sagten, sie sollten nicht mit Worten darauf reagieren, sondern mit Taten, wenn sie je die Gelegenheit bekommen sollten. Und auf diese Gelegenheit brauchten sie nicht lange zu warten."

„Wie wunderbar!" Ich klatschte herzlich Beifall. „Und jetzt träumen die stolzen Herren selber sentimentale Träume."

„Bald danach kamen einige Leute aus einem Nachbarland und suchten bei uns Schutz. Sie waren in Schwierigkeiten wegen eines politischen Vergehens. Ihr König, der sich mehr um seine Macht als um eine gute Regierung kümmerte, bat unsere gütige Königin, sie an seine Offiziere zu überstellen. Sie lehnte das ab, weil es gegen ihre Grundsätze verstößt, Flüchtlinge auszuliefern. Aufgrund dieser Weigerung erklärte der König unserem Land den Krieg.

Unsere Offiziere sprangen sofort auf und marschierten gegen den Feind. Aber der Feind war zu stark für sie. Zweifellos kämpften unsere Soldaten tapfer.

Aber trotz ihrer Tapferkeit drang die feindliche Armee Schritt für Schritt vor, um unser Land zu besetzen.

Fast alle Männer waren am Kampf beteiligt; nicht mal 16-jährige Jungen blieben zu Hause. Die meisten unserer Kämpfer wurden getötet, der Rest zurückgedrängt und der Feind stand nur noch 25 Meilen vor der Hauptstadt.

Im Palast der Königin wurde eine Versammlung der klugen Frauen gehalten, um zu beraten, was man zur Rettung des Landes unternehmen könnte. Einige schlugen vor zu kämpfen wie die Soldaten; andere waren dagegen und sagten, dass die Frauen nicht an Schwertern und Pistolen ausgebildet sind und auch überhaupt nicht gewohnt, mit Waffen zu kämpfen. Eine dritte Gruppe bemerkte mit Bedauern, dass ihre Körper hoffnungslos schwach seien.

„Wenn ihr euer Land nicht retten könnt, weil euch die körperlichen Kräfte fehlen", sagte die Königin. „Dann versucht es doch mit geistiger Kraft."

Für ein paar Minuten herrschte Totenstille. Ihre königliche Hoheit sagte erneut: „ich muss Selbstmord begehen, wenn das Land und meine Ehre verloren sind."

„Dann sprach die Rektorin der zweiten Universität (sie hatten die Sonnenhitze gespeichert), sie hatte während der Beratung still nachgedacht und sagte, sie wären fast verloren und es sei ihnen nur wenig Hoffnung geblieben. Es gebe jedoch einen Plan, den sie ausprobieren wollte, das sei ihr erster und letzter Versuch. Wenn der misslänge, bliebe nur der Selbstmord. Alle, die dort versammelt waren, schworen feierlich, dass sie sich nie versklaven lassen würden, ganz gleich was geschah.

Die Königin dankte ihnen von Herzen und bat die Rektorin, ihren Plan auszuführen. Die Rektorin erhob sich wieder und sagte, „bevor wir hinausgehen, müssen die Männer in die zenanas gehen. Ich flehe darum wegen Purdah." „Ja, natürlich", sagte ihre königliche Hoheit.

Am nächsten Tag rief die Königin alle Männer auf, sich um der Ehre und Freiheit willen in die zenanas zurückzuziehen. Verwundet und erschöpft wie sie waren, nahmen sie diese Anweisung eher als einen Segen! Sie verbeugten sich tief und zogen sich ohne ein Wort des Protests in die zenanas. Sie waren sicher, dass es überhaupt keine Hoffnung für ihr Land gab.

„Dann marschierte die Rektorin mit ihren zweitausend Studentinnen auf das Schlachtfeld, und sobald sie angekommen waren, richteten sie sämtliche Strahlen des konzentrierten Lichts und der Hitze der Sonne auf den Feind.

Die Hitze und das Licht waren stärker, als sie es ertragen konnten. Sie rannten alle in Panik davon und wussten in ihrer Verwirrung nicht, wie sie die sengende Hitze bekämpfen könnten. Bei der Flucht ließen sie ihre Gewehre und andere Kriegsmunition zurück, so dass sie durch die Einwirkung der Sonnenhitze verbrannten. Seitdem hat nie wieder jemand versucht, unser Land zu besetzen."

„Und seitdem haben eure Männer nie versucht aus der zenana herauszukommen?"

„Doch. Sie wollten frei sein. Einige Polizeikommissare und Distrikt-Friedensrichter wandten sich an die Königin, dass zwar die Militäroffiziere wegen ihres Scheiterns sicherlich das Gefängnis verdient hätten, aber sie selbst hätten nie ihre Pflicht vernachlässigt und sollten daher nicht bestraft werden, und sie baten, wieder in ihre entsprechenden Ämter eingesetzt zu werden.

Ihre königliche Hoheit sandte ihnen einen Rundbrief, in dem sie ihnen andeutete, dass man sie rufen würde, falls ihre Dienste je benötigt würden, und dass sie bis dahin dort bleiben sollten, wo sie waren. Jetzt sind sie an das Purdah-System gewöhnt und haben aufgehört, gegen ihre Abschottung zu murren, wir nennen das System „Mardana" statt „zenana".

Ich fragte Schwester Sara: „Aber wie schafft ihr es, ohne Polizei oder Friedensrichter auszukommen, wenn es um Diebstahl oder Mord geht?"

„Seit das „Mardana" System eingeführt wurde, hat es weder Verbrechen noch Unrecht gegeben; deswegen brauchen wir keinen Polizisten, um einen Täter zu finden, und keinen Friedensrichter, um einen Kriminalfall zu verhandeln."

„Das ist wirklich sehr gut. Wenn es irgendeine betrügerische Person gibt, könntet ihr sie vermutlich leicht bestrafen. So wie ihr einen entscheidenden Sieg errungen habt, ohne einen Tropfen Blut zu vergießen, könntet ihr Verbrechen und auch Verbrecher ohne große Schwierigkeiten verjagen."

„Liebe Sultana, willst du weiter hier sitzen oder in mein Wohnzimmer kommen?"

„Deine Küche ist nicht schlechter als das Boudoir einer Königin", sagte ich mit freundlichem Lächeln. „Aber jetzt müssen wir hier herausgehen; denn die Herren grollen mir vielleicht schon, weil ich sie so lange von ihren Küchenpflichten abgehalten habe." Wir lachten beide herzlich.

„Meine Freunde zu Hause werden amüsiert und erstaunt sein, wenn ich zurück komme und ihnen erzähle, dass im abgelegenen Ladyland die Damen das Land beherrschen und alle gesellschaftlichen Fragen unter Kontrolle haben, während die Herren in Mardanas gehalten werden, und sich um die Babies kümmern, kochen und alle Hausarbeiten verrichten; und dass Kochen so einfach ist, dass es schlicht ein Vergnügen ist, das zu tun!"

„Ja, erzähle ihnen von allem, was du hier siehst."

„Bitte, lass mich wissen, wie ihr das Land bestellt und wie ihr pflügt und die ganze harte körperliche Arbeit durchführt."

„Zum Pflügen unserer Felder nutzen wir die Elektrizität, die auch Antriebskraft für andere harte Arbeiten liefert, und wir wenden sie auch für unsere Luft-Transporte an. Wir haben hier keine Eisenbahnen und auch keine geteerten Straßen.“

„Deswegen passieren hier weder Straßen- noch Eisenbahnunfälle“, sagte ich.

„Leidet ihr nie Mangel an Regenwasser?“, fragte ich?

„Niemals, seit der ‚Wasserballon’ eingerichtet wurde. Man sieht diesen großen Ballon mit den daran befestigten Röhren. Mit ihrer Hilfe können wir so viel Regenwasser abziehen, wie wir brauchen. Wir leiden auch nie unter Überflutungen oder Gewittern. Wir sind alle sehr eifrig tätig, dass die Natur so viel abwirft wie es geht. Wir haben keine Zeit, uns untereinander zu streiten, weil wir niemals untätig sind. Unsere edle Königin liebt die Botanik sehr; ihr großes Ziel ist es, das ganze Land in einen riesigen Garten zu verwandeln.“

„Das ist eine hervorragende Idee. Was ist euer wichtigstes Nahrungsmittel?“

„Früchte.“

„Wie haltet ihr euer Land kühl bei Hitze? Bei uns halten wir den Regen im Sommer für eine Gnade des Himmels.“

„Wenn die Hitze unerträglich wird, sprengen wir den Erdboden mit reichhaltigen Wasserschauern aus den künstlichen Brunnen. Und bei kaltem Wetter halten wir unsere Zimmer mit Sonnenhitze warm.“

Sie zeigte mir ihr Badezimmer, das ein abnehmbares Dach hat. Sie kann sich immer eine Wasserdusche gönnen, indem sie einfach das Dach aufmacht (es war wie der Deckel auf einer Kiste) und den Hahn der Duschröhre öffnet.

Ich rief aus, „Ihr habt großes Glück. Ihr kennt überhaupt keinen Mangel. Darf ich fragen, was ihr für eine Religion habt?“

„Unsere Religion ist auf Liebe und Wahrheit gegründet. Es ist unsere religiöse Pflicht, einander zu lieben und absolut wahrhaftig zu sein. Wenn irgendeine Person lügt, wird er oder sie ....“

„Mit dem Tode bestraft?“

„Nein, nein, nicht mit dem Tod. Wir töten nicht gern ein Geschöpf Gottes, besonders keinen Menschen. Der Lügner wird gebeten, das Land endgültig zu verlassen und niemals wiederzukommen.“

„Wird einem Übeltäter niemals verziehen?“

„Doch, wenn die entsprechende Person ernsthaft bereut.“

„Dürft ihr keine Männer treffen außer euren Blutsverwandten?“

„Niemand, außer den geheiligten Verwandten.“

„Unser Kreis von geheiligten Verwandten ist sehr beschränkt; nicht mal Vettern ersten Grades gelten als geheiligt.“

„Bei uns ist der Kreis sehr groß; ein entfernter Vetter ist so geheiligt wie ein Bruder."

„Das ist sehr gut. Ich verstehe, dass die Reinheit über euer Land herrscht. Ich würde gern die gute Königin sehen, die so weise und weitsichtig ist und all diese Regeln bestimmt hat."

„Das machen wir," sagte Schwester Sara.

Dann schraubte sie ein paar Sitze auf ein quadratisches Brett. Auf dem Brett befestigte sie zwei glatte, blank polierte Kugeln. Als ich fragte, wozu man die Kugeln braucht, sagte sie, es seien Wasserstoff-Kugeln, die man einsetzt, um die Schwerkraft zu überwinden. Die Kugeln hatten ein unterschiedliches Fassungsvermögen und wurden je nach den verschiedenen Gewichten genutzt, die man überwinden muss. An dem Luft-Auto befestigte sie dann zwei flügelartige Rotoren, die, wie sie sagte, durch Elektrizität angetrieben werden. Nachdem wir uns bequem hingesetzt hatten, drückte sie einen Knopf und die Rotoren begannen zu wirbeln und wurden immer schneller und schneller. Zuerst stiegen wir zu einer Höhe von etwa sechs oder sieben Fuß auf und dann flogen wir los. Und ehe ich recht wahrgenommen hatte, dass unsere Bewegung begonnen hatte, erreichten wir schon den Garten der Königin.

Meine Freundin senkte das Luft-Auto ab, indem sie die Bewegung der Maschine zurückschaltete, und als das Auto die Erde berührte, hielt die Maschine an und wir stiegen aus.

Vom Luft-Auto aus hatte ich gesehen, dass die Königin mit ihrer kleinen Tochter (die vier Jahre alt war) und ihren Ehrendamen auf einem Gartenpfad spazierte.

„Hallo! Sei gegrüßt!", rief die Königin zu Schwester Sara. Ich wurde ihrer königlichen Hoheit vorgestellt und wurde herzlich empfangen ohne alle Feierlichkeiten.

Ich war sehr erfreut, ihre Bekanntschaft zu machen. Im Laufe unserer Unterhaltung sagte mir die Königin, sie habe keinen Einwand, ihrer Bevölkerung den Handel mit anderen Ländern zu gestatten. „Aber", fuhr sie fort, „mit Ländern, in denen die Frauen in zenanas gehalten werden, sei kein Handel möglich, denn die können dann nicht mit uns handeln. Wir finden, dass Männer niedrigere Moralvorstellungen haben und deswegen handeln wir nicht gern mit ihnen. Wir begehren nicht das Land anderer Menschen, wir kämpfen nicht um einen Diamanten, auch wenn er für tausendmal leuchtender gehalten wird als der Koh-i-Noor, und wir gönnen einem Herrscher seinen Pfauenthron. Wir tauchen tief in den Ozean des Wissens und versuchen unsere kostbaren Schmuckstücke zu finden, die in der Natur für uns aufbewahrt sind. Wir erfreuen uns an den Gaben der Natur so gut wir können."

Nach meinem Abschied von der Königin besuchte ich die berühmten Universitäten und man zeigte mir mehrere der Fabriken, Laboratorien und Observatorien.

Nach dem Besuch der obengenannten Sehenswürdigkeiten bestiegen wir wieder das Luft-Auto, aber sobald es begann, sich zu bewegen, rutschte ich irgendwie aus, und der Sturz schreckte mich aus meinem Traum. Als ich die Augen öffnete, saß ich immer noch in meinem Schlafzimmer bequem in meinem Sessel.

Rokeya Sakhawat Hossain
Sultana's Dream (and Padmarag)
Penguin Classics (Haryana 2005)
p. 1–14 vollständiger Text
übersetzt von Christiane Wyrwa

Katharine Burdekin (1896–1963)
1935 The End of This Day's Business

Im Jahre 6250 erklärt die Künstlerin Grania ihrem Sohn Neil ihre wachsende Kritik am Verhältnis der beiden Geschlechter in der seit Jahrtausenden von Frauen beherrschten Welt.

Also, jetzt haben die Frauen, weil sie Frauen sind, freien Zutritt zu allen Bibliotheken der Frauenhäuser, sie können die lateinischen Übersetzungen der alten Bücher lesen und die wirkliche Geschichte des Menschengeschlechts erforschen. Viele von ihnen machen sich keine Gedanken über so etwas. Leute wie Ingenieurinnen und Navigatorinnen schlagen das eher in den Wind. Sie sagen sich: ‚Also, das ist doch egal, was die damals gemacht haben, so lange wir weitermachen wie bisher'. Zuerst sind sie erschüttert und entschlossen, aber dann geht das bei ihnen unter. Doch manche Frauen, meistens Mädchen, die Schriftstellerinnen oder Psychologinnen werden wollen, beschäftigen sich mit der Geschichte der Vergangenheit und lesen viel. Die Psychologinnen erleben eine Begeisterung, die sich nicht auf seine Person bezieht, wenn sie bis auf Freud zurückgehen. Sie lachen über seine Psychologie der Frauen, aber sie bewundern ihn trotzdem. Sie sind noch begeisterter, wenn sie dann etwas über Jesus und Plato und Gautama Buddha erfahren. Und ich, obwohl ich nicht Schriftstellerin, sondern Künstlerin werden wollte und obwohl die Kunst von Männern nicht so interessant ist wie die von Frauen, ich habe immer gelesen und gelesen. Seit ich siebzehn war, habe ich den größten Teil meiner Freizeit in den Frauen-Bibliotheken zugebracht und lateinische Bücher gelesen. Und von Anfang an entwickelte sich bei mir ein immer stärker werdendes Gefühl der intensiven Bewunderung für diese Alten Männer. Nicht nur für die besonders Hervorragenden, sondern für diese ganze so hart arbeitende Masse. Natürlich unterschätze ich nicht den Preis, den die Frauen dafür zahlen mussten, dass die Männer diese Fähigkeit entwickelten, so kraftvoll schuften zu können. Ich denke oft, dass der Preis, den die Frauen dafür gezahlt haben, dass ihre Gattung so kultiviert wurde, zu hoch war. Kein Kulturzustand war das jemals wert, und wir wären besser geblieben wie die Tiere. Aber das war nicht Gottes Wille. Trotz alledem begann ich die Alten Männer zu bewundern, und ich bewunderte sie sogar immer noch, als ich schon ein ziemlich klares Verständnis von ihrer grauenhaften männlichen Dummheit gewonnen hatte. Also begann ich zu denken – wann war das noch mal? Also, Neil, irgendwann habe ich begonnen zu denken, und jetzt habe ich es fertig ausgedacht – der Vergeltungsschlag der Frauen, die völlig vernünftige und logische Versklavung der Männer, damit sie sich nicht wieder erheben und in dieser ganzen alten Ausrüstung grauenhafter männlicher Dummheit uns alle ausrotten mit Stumpf und Stiel, wie sie es schon einmal versucht haben – das ist schon weit genug gegangen. Verstehst du, damit habe ich also meinen Eid gebrochen. Ich sehe völlig ein, dass die dauerhafte Frauenherrschaft die sicherste Lösung für das ganze Menschengeschlecht ist, und doch habe ich meinen Eid gebrochen. Während ich glaube, dass die Herrschaft der Frauen in den letzten viertausend Jahren richtig war, während ich glaube, dass die Versklavung der Männer nicht schlimmer war als die Versklavung der Frauen durch die Männer, sondern notwendig und unvermeidbar und daher nach dem Willen Gottes, aber trotzdem glaube ich, wenn die Frauen erst mal beginnen zu denken, dass es falsch war und es ein Zustand ist, den man verändern muss, dann wird es auch falsch, und damit hat der Wandel begonnen.

Ich bin mir ganz sicher, Neil, und diese Meinung wird, so viel ich weiß, nicht von den anderen Frauen geteilt und nicht einmal völlig von dir, dass Frauen und Männer nicht so glücklich sind, wie sie es sein könnten. Sie sind jetzt vielleicht glücklicher als damals in der vergangenen Kindheit der Zeit, als ein großer Teil der besten und am stärksten bewegenden Literatur tragisch war und der Tod ständig überschwänglich gepriesen wurde. Das glaube ich schon. Aber es gab diesen Schimmer von wirklichem Glück in den kommunistischen Zeiten, obwohl es kein vollständiges Glück gewesen sein kann, sonst wären die Menschen überhaupt nicht in Versuchung gekommen, das wieder zu zerstören. Ich glaube, diese weibliche Welt ist nicht das Richtige. Diese Welt ist sicher, vernünftig, ohne Grausamkeit, lieblos und langweilig. Die männliche Welt war auch nicht richtig. Sie war absurd und zu unsicher, grausam und dumm und manchmal genauso ohne alle geistig-seelische Geschlechtsliebe wie die unsere ist. Langweilig war sie meistens nicht, denn wo männliche Dummheit herrscht, kann es keine lang andauernde Eintönigkeit geben. Da musste man sich doch immer fürchten, entweder vor Gott oder der Hölle oder der Inquisition oder vor den Soldaten anderer Völker oder vor der Hungersnot, und das machte das Leben erfrischend und unterhaltsam. Aber seitdem, verstehst du, sterben wir wirklich an der Langeweile. Nichts tötet uns, weder Gewalt noch Krankheiten, und trotzdem leben wir nicht viel länger als früher. Wir sterben, weil unser Alter unglücklich ist, und unser Alter ist unglücklich, weil unsere Welt zu vernünftig und zu gefühllos ist. In einem gelungenen Leben würde niemand das Alter hassen und niemand, obwohl das lächerlich klingt, würde den Tod fürchten, außer körperlich, wenn er wirklich eintritt. Es hat noch nie das richtig gelungene Leben für die Menschheit gegeben, weil sie immer, zu allen Zeiten das Alter gehasst haben und immer geistig und rein theoretisch den Tod gefürchtet, es sei denn, sie litten unter Todes-Sehnsucht. Aber obwohl es bis jetzt noch nie das richtige Leben für die Menschen gegeben hat, bedeutet das nicht notwendig, dass es das auch nie geben kann. (....)

Ich glaube, dass es nach dieser extrem langen Diktatur der Frauen eine Gesellschaft ohne Feindseligkeit zwischen den Geschlechtern geben kann.

Denn es war die Feindseligkeit der Klassen gegeneinander, das ließ die unteren aufsteigen und die oberen abstürzen, und die Tatsache, dass die herrschende Klasse immer nur die eigenen Interessen verfolgt und der beherrschten Klasse nur den Schrott überlässt. Karl Marx hat gesagt, dass keine herrschende Klasse jemals abdankt, das heißt, ihre Macht freiwillig aufgibt, und er hatte recht. Die Männer haben im Kommunismus abgedankt, obwohl sie danach wünschten, es nicht getan zu haben, und was die Männer getan haben, können die Frauen auch tun. Die Männer haben freiwillig ihr ungeheuer mächtiges Gefühl, dass sie herrschen müssen, unterdrückt; also können Frauen auch ihre ungeheuer vernünftige Gewissheit, dass sie herrschen müssen, unterdrücken. Dann würde es endlich die klassenlose Gesellschaft ohne Feindseligkeit der Geschlechter geben, und wir wissen noch gar nicht, wie das wird. Nur irgendwie richtig. Nicht emotional und grausam. Nicht vernünftig und langweilig. Glücklich, nehmen wir an, und näher am vollen Gottesgefühl.

Katharine Burdekin
The End of This Day's Business (New York 1989)
p. 103–106 (IV) Frauen und Männer leben ohne Feindschaft
übersetzt von Christiane Wyrwa (© 2021)
© The Estate of Katharine Burdekin 1989

Marge Piercy (1936
1976 Woman at the Edge of Time

Connie, die Frau an der Kante der Zeit, kippt aus ihrer Gegenwart im Krankenhaus als empfängliche ‚Sendeperson' ins Jahr 2137 und besucht in einem imaginären Ausflug mit Luciente eine Dorf-Versammlung in Mattapoisett, wo sie die Menschen und ihre demokratische Gesellschaftsordnung kennenlernt:

In der alten weißen Halle des Gutshofs mit dem achteckigen Turm saßen 25 oder 30 Leute rund um einen rechteckigen Tisch und redeten heftig über Zement, Zink, Blei, Kupfer, Platin, Stahl, Kies, Kalkstein und Sachen, die Connie nicht durchschauen konnte. Die meisten schienen Frauen zu sein, obwohl sie, wenn sie dann eine Stimme hörte, oft feststellte, dass sie sich geirrt hatte. Vom Alter reichten sie von sechzehn bis zum höchsten Greisenalter. Wenige schienen ganz weißhäutig, obwohl es durch die Sonnenbräune schwerer zu beurteilen war, als es mitten im Winter gewesen wäre. Sie sprachen in ganz normalem Ton und es klang nicht, als würden sie Reden halten. Hinter einigen, die rund um den Tisch versammelt waren, saßen noch andere, die genau zuhörten und gelegentlich Kommentare und Fragen einbrachten.

„Wir haben eine Fünf-Minuten-Grenze für unsere Reden. Wir finden, was eine Person nicht in fünf Minuten sagen kann, das sollte sie lieber gar nicht sagen." Luciente und sie klappten Stühle auf und setzten sich hinter Otter, die sie zuerst gar nicht erkannt hatten, mit ihrem schwarzen, zum Zopf geflochtenen Haar steckte sie in einer mit Schlamm und Salz bespritzten Latzhose. Otter lächelte sie an, bevor sie sich wieder dem Bildschirm zuwandte, der im Tisch jeweils zwischen zwei Delegierten eingelassen war und die Zahlen, Zuteilungen und Diagramme anzeigte, über die sie diskutierten.

„Ist das eure Regierung?" „Es ist der Planungsrat für unsere Dorfgemeinde." „Sind die gewählt worden?" „Die werden ausgelost: die machen das für ein Jahr: drei Monate mit der Vorgänger-Person im Amt, drei Monate mit der Nachfolgenden und sechs allein." „Wir wollen ein Stück vom Wald auf dem Goat Hill abschlagen." Auf den Bildschirmen in den Tischen leuchtete eine Karte auf. Die Sprecherperson mit Koteletten und Stoppelbart wandte sich zur Karte und zeigte auf die betreffende Stelle. „Wir möchten mehr Buchweizen anbauen."

Luciente murmelte: „Das ist der Abgeordnete von Goat Hill, ein Dorf mit Kapverden Klima flussaufwärts."

„Mir scheint, das verkleinert das Einfallgebiet für Regenwasser. Wir haben doch nicht viel Wasser, Leute", sagte eine Person mit grünem Haar.

„Wir denken doch nur an 25 oder 30 Hektar von Baumnachwuchs und Sträuchern. In unserer Gegend wird zu viel Korn eingeführt, da sind wir uns alle einig", sagte der Bärtige.

„Ohne Wasser wächst gar nichts. Unsere Vorfahren haben das Wasser zerstört als wäre es unbegrenzt zu haben, sie haben es aus der Erde gesaugt und dann im Fließen verschmutzt und vergiftet", sagte Otter empört, „lasst uns das Wasser ernst nehmen. Was sagt denn das Erdboden-Amt dazu?"

„Ich leite die Frage weiter".

Luciente beugte sich näher: „Das ist die Abgeordnete von Cranberry. Die hat heute den Vorsitz."

„Wer ist das mit den grünen Haaren?"

„Erd-Ratgeber – spricht für die Rechte der gesamten Umwelt. Die Person daneben ist der Tier-Ratgeber. Diese Positionen werden streng genommen nicht durch Los bestimmt, sondern durch das Träumen. Jedes Frühjahr träumen Personen, sie seien der neue Tier-Ratgeber oder Erd-Ratgeber. Diese Leute kommen zusammen und dann werden sie durch das Los bestimmt.

Der Computer warf Zahlen über Zahlen auf die Bildschirme. Nachdem jeder darauf geschaut hatte, sagte die Abgeordnete von Ned's Point: „Die in Frage stehenden Waldgebiete sind sicher Wassersammelflächen. Wenn man die vom Forst abtrennt, verringert sich unsere Wasserzufuhr."

„Wie können wir unseren Kornbestand vergrößern, wenn wir nicht das waldige Gestrüpp zu Ackerland machen?" fragte die Abgeordnete von Cranberry.

„Dann müssen wir den Ertrag des Landes, das wir haben, vergrößern", sagte der Erd-Ratgeber. „Wir haben erst angefangen, Wege zu intensiverem Ackerbau zu finden, der Erdboden soll ertragreicher bebaut werden und nicht zu Staub geblasen." (...)

Luciente murmelte Connie ins Ohr: „Die Bedürfnisse von jedem Dorf werden anerkannt und wir versuchen, knappe Gaben gerecht zu verteilen. Oft müssen wir einen Ort besuchen. Die nächste Ebene ist bei der regionalen Planung. Durch Los bestimmte Abgeordnete gehen dann zur Region, um die groben Entscheidungen zu diskutieren. Die Bedürfnisse werden nach oben gereicht und die Möglichkeiten kommen unten an. Wenn die Leute eine Entscheidung abschreckt, gehen sie hin und tragen Einwände vor. Oder sie verhandeln direkt mit den Orten, die auch dieselben Sachen brauchen und handeln mit denen einen Kompromiss aus."

Es wurde abgestimmt und Goat Hill verlor. Die Abgeordnete von Marion schlug vor. „Lasst uns die Getreideanbauer aus Springfield nach Goat Hill holen, vielleicht haben die eine Idee, wie man Buchweizen anbaut, ohne mehr Land abzuholzen. Wir in Marion wären stolz, diese Gäste zu bewirten.“ (...)

Luciente und Connie fahren weiter.

Das Fuhrwerk erwies sich als eine Bus-Zug-Konstruktion, die auf einem Luftkissen fußbreit über dem Boden glitt und bei jedem Anhalten mit einem schweren Seufzer aufsetzte. Es fuhr mit mäßigem Tempo, hielt in jedem Dorf und die Leute stiegen ein und aus mit ihren Paketen, Babys und Tieren, und einmal war ein großer, in Blätter gewickelter Schwertfisch dabei.

Sie setzten sich in ein Abteil gegenüber von einem alten Mann, schrumplig wie eine Rosine, der ständig mit zufriedenem Blick die um sein Baby gewickelte Decke zurechtzupfte: „Warum ist der Bus jetzt in so kleine Abteile aufgeteilt. Früher haben wir mehr Leute untergebracht mit einem großen Innenraum.“ Luciente sagte: „Man kann sich leichter unterhalten, es ist wärmer.“ Der alte Mann sagte: „Bist du hier ein Gast, wo kommst du her? Oder treibst du dich bloß rum?“ – „Kommt aus der Vergangenheit“, erklärte Luciente. – „Davon hab ich gehört, also ...“, er starrte Connie neugierig an. Luciente fragte ihn: „Wo wohnst du?“ „In Ned's Point, wo ich eingestiegen bin, wo sonst? Wir sind Aschkenasim,“ sagte er zu Connie. „Ich weiß nicht, was das ist“. – „Wir sind die Sorte der osteuropäischen Juden. Freud, Marx, Trotzki, Singer, Aleichem, Reich, Luxembourg, Wasserman, Vittova – die waren alle Aschkenasim.“ Luciente sagte: „Die bauen die Kenner-Computer, wir haben gerade die Planungs-Leute besucht.“

Connie sagte: „Also, ich verstehe das nicht. Wenn die Arbeiter in einer Fabrik, zum Beispiel einer Computerfabrik, mehr Geräte herstellen wollen und die Planer entscheiden, ihnen weniger Material zu geben, wer gewinnt denn schließlich bei einem Konflikt?“

„Wir diskutieren, was denn sonst“, sagte der Mann.

„Niemand hat eine endgültige Vollmacht, Connie“, sagte Luciente.

„Das muss doch aber sein. Wer sagt denn am Ende ja oder nein?“

„Wir diskutieren eben, bis wir eine Übereinstimmung finden. Wir machen immer weiter. Oh, manchmal ist es ekelhaft, es haut dich völlig um.“

Der Mann sagte: „Nach einer großen politischen Auseinandersetzung laden wir uns gegenseitig ein und machen uns Geschenke. Warst du schon auf einer Stadt-Versammlung?“

Als Connie verneinte, drohte er Luciente mit dem Finger: „Na, na! du musst diese Person dort hinführen, wie soll sie uns denn sonst verstehen?“

„Natürlich“ sagte Luciente mürrisch, „das versuche ich doch! Politische Entscheidungen verstehen – ob man die Bevölkerung vergrößern oder verkleinern soll – oder einen anderen Weg einschlagen. Wir diskutieren erst vor Ort und wählen einen Vertreter aus, der unsere Position beim regionalen Zusammentreffen vorträgt. Dann sitzen wir alle in einer gleichzeitigen Übertragung und die Position von jeder Ortsgruppe wird vorgetragen. Dann gehen wir wieder in die Ortsgruppe zurück und arbeiten unsere Abschlusserklärung aus. Dann reden die Vertreter noch mal vor allen. Dann stimmen wir ab.“

„Ihr müsst ja entsetzlich viel Zeit bei diesen Versammlungen verbringen.“

„Shalom, ich steige hier aus,“ sagte der alte Mann. „Lass dich von ihm nach Ned's Point führen. Ich bin Rebekah und wohne an der Ostseite der Schule.“

Luciente winkte zum Abschied. „Wie sollen die Leute denn ihr Leben in den Griff kriegen, ohne viel Zeit auf den Versammlungen zu verbringen?“

Marge Piercy
Woman at the Edge of Time
(London 1979)
p. 150–154 (VIII) Demokratie in Mattapoisett im Jahre 2137
übersetzt (© 2021) von Christiane Wyrwa

Esther Vilar (1935
1981 Bitte keinen Mozart – ein Märchen für Kinder und Erwachsene

Nach seiner Rückkehr von der Reise zu den sechs Planeten berichtet der Außenminister sechs Tage lang von seinen Erlebnissen, am siebten Tag folgt die abschließende Rede der Premierministerin vom Planeten Erde.

Meine lieben Mitbürger, lasst uns daher froh sein über all die Maschinen, die uns jetzt unsere Arbeitsplätze streitig machen, lasst uns diese willkommen heißen!

Nur die eintönigsten und dümmsten Arbeiten können ja von Automaten erledigt werden – geben wir sie ab!

Seine Arbeit gegen eine Maschine zu verteidigen, ist unter der Würde des Menschen, weil er sich so mit dieser Maschine auf eine Stufe stellt.

Nützen wir die Gelegenheit – werden wir endlich die, die wir sein sollten.

Werden wir Wesen, die fühlen, träumen und denken.

Werden wir Menschen!

Ihr lieben Männer und Frauen, die ihr mir jetzt zuhört – lasst mich euch heute ein Geständnis machen: Als ich seinerzeit die Regierungsgeschäfte dieses Planeten übernahm, hatte ich einen Traum. Dieser Traum galt jedoch nicht der Gleichheit aller Menschen, sondern ihrer Verschiedenheit. Ihr, die von mir regierten Bürger dieser Erde, solltet während meiner Amtsperiode nicht immer austauschbarer, sondern immer einzigartiger werden. Nicht eure größere Anpassung war mein Ziel, sondern ein neues Beharren auf Eigenarten und persönlichem Geschmack.

Ja, ich träumte von einer Welt, in der jeder vom andern so verschieden wie nur möglich ist, und in der man ihm gerade aufgrund dieser Verschiedenheit mit Respekt begegnet: in der Junge sich nicht den falschen Anschein von Erfahrenheit geben müssen, sondern ein Recht auf die Fehler und Irrtümer der Unerfahrenen haben. In der Alte nicht aufgrund vorgetäuschter Jugendlichkeit geachtet sind, sondern gerade wegen ihres Alters. In der Frauen sich nicht wie Männer gebärden müssen und Männer nicht wie Frauen, und trotzdem keinem der Geschlechter aufgrund seiner Andersartigkeit ein Nachteil entsteht. In der Schwarze, Gelbe und Rote sich nicht den Ritualen der Weißen beugen, sondern voll Stolz die bleiben, die sie sind. Und in der schließlich innerhalb seiner Rasse, seines Geschlechts und seines Alters jeder von seinem Nachbarn so verschieden wie nur irgend möglich ist.

Meine Lieben, der Augenblick für die Verwirklichung dieses Traums ist nun gekommen. Denn auf einem Planeten, wo jeder genug Zeit hätte, sein Wissen, seine Phantasie, seine geistige und körperliche Energie voll auszuspielen, wäre prinzipiell alles möglich. Es gäbe dort ganz neue Disziplinen des Geisteslebens, nach denen man bisher aus Zeitmangel noch nicht einmal suchen konnte. Es käme dort zu einer solchen Vielfalt von Gedanken, Handlungsweisen, Ideologien, Ritualen, Absurditäten, Verrücktheiten, dass man sich niemals langweilen könnte. Die tägliche Umgebung wäre so aufregend, wie man sie sich nur wünschen könnte, denn jeder, den man träfe, wäre auf irgendeine Weise ein großes Abenteuer.

Meine lieben Mitbürger, ihr nur ihr, könnt entscheiden, ob es diesen Planeten geben soll. Ihr werdet daher in den nächsten Tagen in eurem Briefkasten einen langen Fragebogen finden, und ich möchte euch von ganzem Herzen bitten, diesen so gewissenhaft wie möglich auszufüllen. Denn, erst wenn ich weiß, ob ihr meinen Traum teilt, kann ich für euch mitsprechen. Erst wenn ich eure Wünsche kenne, werde ich in der Lage sein, auch in eurem Namen zu handeln.

Und fragt dieses eine Mal bitte nicht die Horoskope: ihr selbst entscheidet über eure Zukunft, nicht die Sterne. Hofft für einmal nicht auf eine Welt, in der alles von selber besser wird: was man erhofft, muss man auch wollen, und wenn man es will, muss man auch handeln. – Überlegt euch eure Entscheidung gut, denn ihr, nur ihr, habt später die Folgen zu tragen.

Einen Vernichtungskrieg wie auf Zappa kann es bei uns nicht geben, dafür haben wir dank der Zurückerfinder ein für allemal vorgesorgt.

Doch das Chaos von Pink Floyd wäre immerhin denkbar – verschont uns also bitte vor Pink Floyd! – Der Geschlechterkrieg von Gabriel wäre machbar – verschont uns also bitte vor Gabriel! – Der Generationenkonflikt von Genesis liegt innerhalb unseres Talents zur Unmenschlichkeit – verschont uns also bitte vor Genesis!

Und in Mozart – einer Welt, in der irgendein machtgieriger Opportunist euch in stumpfsinnige, sinnlose Arbeit treibt, weil ihr nie gelernt habt, mit eurer Freiheit umzugehen – sehe ich eigentlich die größte Gefahr für unseren Planeten. Deshalb flehe ich euch an: erlaubt es nicht! Verschont uns! Gestattet bitte keinen Mozart!

Meine Empfehlung lautet S t r a w i n s k y!

Esther Vilar
Bitte keinen Mozart – ein Märchen für Kinder und Erwachsene
(Frankfurt/M. 1984)
p. 303–307 Rede der Erd-Premierministerin, Verschiedenheit der Menschen

Doppelcoda

Frauenutopie und Schreiben im 21. Jahrhundert

Katrin Girgensohn

Guter Ort: Theodoras Literatursalon

Gestatten: Theodora.

„Gestatten: Theodora. Theodora erblickte im Juni 1999 das trübe Licht der Welt, das sich an den reichdekorierten Salonwänden im Separée des Hauses Theodor Tucher brach. Dort wurde sie allwöchentlich wohlgenährten Bürgersöhnen und -töchtern vorgeführt, die aus touristischen oder geschäftlichen Gründen dieses vornehme Speisekabinett mit Leselounge am Brandenburger Tor aufsuchten. Zwischen meterdicken Ledersesseln und Biedermeierbildern wurden unter den angetretenen Jung- und Nicht-mehr-JungautorInnen in freundschaftlichem Wettstreit die Sieger des Abends ernannt, die ihre Texte den Gästen von einem Balkon herab in die Teller lesen durften.“[1]

So stellte sich einst „Theodoras Literatursalon“ den Besucherinnen und Besuchern der Homepage vor. Während eine Webpräsenz um die Jahrtausendwende noch etwas relativ Neues war, ist diese heute der letzte greifbare Beweis von Theodoras Existenz.[2]

1 https://woerter.de/theodora/ (abgerufen 04.06.2021)

2 Danke an Herbert Braun, der als Web- und Wortarbeiter diese Seite weiterhin im Netz hält!

Doch wer oder was war Theodora? Theodoras Literatursalon war eine öffentliche Lesebühne in Berlin um die Jahrtausendwende. Betrieben wurde sie von Xóchil A. Schütz und mir, Katrin Girgensohn – als Theo und Dora. Als junge Frauen hatten wir uns in der Berliner Schreibgruppe „Weibergeflüster" kennengelernt und waren so literaturbegeistert, dass uns die Treffen zum Schreiben nicht mehr reichten. Wir wollten mehr – und wir wollten raus aus dem stillen Kämmerlein. Schon vor Theodora hatten wir Literatur-Performances inszeniert und zu Schreib- und Lesesalons eingeladen. Dort wurden wir eines Tages gecastet, wie man heute wohl sagen würde. Peter, der Kulturmanager eines neuen Veranstaltungsortes, entdeckte uns beim Vortragen und beim Animieren der Gäste zu wilden Schreibübungen in einer Friedrichshainer Kneipe. Der neue Veranstaltungsort war das Restaurant „Theodor Tucher", direkt am Brandenburger Tor, das eine kleine Buchhandlung auf einer Galerie und einen biedermeierlichen Salon als Veranstaltungsort im Hinterzimmer eröffnet hatte, um der Gaststätte einen kulturellen Anstrich zu geben. Peter war der Meinung, dass Xóchil und ich einmal wöchentlich Leben und Literatur in die Bude bringen könnten. Eine Aufgabe, die wir begeistert annahmen – im Gegenzug für eine warme Mahlzeit und zwei Freigetränke pro Abend. Dazu muss ich sagen, dass das Theodor Tucher durchaus gehobene Preise hatte und es für zwei Studentinnen schon ein echtes Erlebnis war, dort regelmäßig zu speisen, auch wenn die Portionen für unseren Geschmack etwas zu übersichtlich waren. Aber eigentlich ging es uns ja um die Literatur!

Was wir anzettelten, war Folgendes: Bei Theodora waren alle willkommen, die selbst schreiben oder über Literatur sprechen wollten. Auf Theodoras Lesebühne durften alle ihre selbst verfassten Texte vor- und zur Diskussion stellen. Die maximale Lesezeit betrug 10 Minuten, Gedichte hörten wir gerne zweimal hintereinander. Nach jeder Lesung dankten wir den Lesenden und baten das Publikum um „Fragen, Freude, Kritik". Am Ende des Abends riefen wir noch einmal alle Texte in Erinnerung und das Publikum durfte abstimmen, welches der beste Text des Abends war. Für den gab es einen Preis. Wie dieser Preis aussah, das änderte sich in Theodoras Lebenszeit mehrmals, doch anfangs durften die Siegerinnen und Sieger ihre Texte erneut vortragen – und zwar auf der Empore über dem Restaurant, wo sie den unten speisenden Gästen „in die Suppe lasen". Sie wurden außerdem mit Getränkegutscheinen versorgt. Die Gutscheine waren begehrt, weil unsere Gäste arme Poetinnen und Poeten waren – eine Tatsache, die Theodora noch auf die Füße fallen sollte.

Denn tragischerweise war Peter, der Kulturmanager, der uns engagiert hatte, noch vor unserem Eröffnungsabend plötzlich verstorben, so dass wir fortan direkt mit dem Restaurantmanager kommunizieren mussten. Das Restaurant lief noch nicht richtig gut, denn der Bundestag war noch nicht umgezogen und Berlin zog noch nicht so viele Touristen an wie heute, so dass es zu wenig Laufpublikum gab. Von Theodoras Engagement hatte man sich mehr erhofft. Wir hatten zwar immer reichlich Gäste, doch machten diese kaum Umsatz. Poesie in die Suppe gesprochen – schön und gut, aber auf Dauer wollte man sich diese Prise Kultur lieber doch nicht mehr leisten. Als die Kommunikation mit dem Management immer schwieriger wurde, kam uns ein Angebot von einem unserer Gäste gerade recht. Der hatte das Arkona Kino im Prenzlauer Berg gepachtet und lud uns ein, dort regelmäßig Literatur auf die Bühne des Cafés zu bringen.[3]

Im Arkona Kino blühte Theodora auf. Als Preise lobten wir nun Kinokarten aus und veranstalteten, ergänzend zu unserer Lesebühne mit Literaturcontest, Soireen zu verschiedenen Themen (Großstadtliteratur, Weihnachtstexte, Krimis...). Wir stellten Lieblingsbücher vor, machten Bücher-Tausch-Abende, und als ich auf dem Flohmarkt einen Satz alter Familiendias aus den 1970er Jahren auftrieb, wurde der Schreibaufruf zum an die Wand gestrahlten Lichtbild des Abends zum festen Bestandteil des Salons.

Doch auch hier zeigte sich leider recht bald, dass der volle Saal zwar bewies, wie beliebt das offene Format bei den Gästen war. Der Umsatz aber hielt sich in Grenzen. Das Kino musste den Betrieb aufgeben und inzwischen sind dort längst teure Eigentumswohnungen und Penthäuser mit Autoaufzügen entstanden, für die das alte Kino noch eine Weile als Showroom taugte.[4]

Theodora zog weiter und landete in der Kulturbrauerei, einer alten, weitläufigen Brauerei, die zu einem Kulturgelände mit Clubs, Ausstellungsräumen, Theater und Restaurants umgebaut worden war. „Die Pubertät hatte Theodora nun hinter sich gelassen", wie auf der Homepage nachzulesen ist. Und so forderten wir Salonièren jetzt tatsächlich eine Entlohnung für unsere Kulturarbeit bei den Betreibern und erhielten einen Vertrag, der uns monatlich eine kleine Summe garantierte. Damit waren wir nun fast in den etablierten Kulturbetrieb aufgestiegen.

Das Grundkonzept unserer Veranstaltungen behielten wir bei, verschiedene Themenabende auch, und der freie Eintritt für unsere Gäste wurde weiterhin durchgesetzt. Zu gewinnen gab es Freikarten der zu dieser Zeit

3 https://taz.de/Am-Pariser-Platz-zu-wenig-Umsatz/!1254222/ (abgerufen am 4.6.21)

4 https://www.tagesspiegel.de/wirtschaft/immobilien/edel-lofts-fuer-die-arkonahoefe-bauen-statt-brauen/11141476.html (abgerufen am 4.6.2021)

boomenden Berliner Lesebühnen mit Showcharakter, wie zum Beispiel der Bühne LSD – Liebe statt Drogen.

Doch anders als diese Lesebühnen, von denen viele bis heute bestehen, geriet Theodoras Literatursalon auch in der Kulturbrauerei in finanzielle Schwierigkeiten. Die Kulturbrauerei GmbH bekam Zahlungsprobleme. Heute ist sie längst fester Bestandteil der Berliner Kulturlandschaft und war vor der Pandemie sicherlich eine Goldgrube. Aber damals bekamen wir allmählich ein schlechtes Gewissen, weil die Schiffe, auf denen wir anheuerten, stets zu sinken schienen. Ein kurzes Intermezzo in der Friedrichshainer Kneipe Rasputin, die ebenfalls das Zeitliche segnete, schien das zu bestätigen, und als auch im nächsten Domizil, dem Café Sybille an der Karl Marx Allee, Schwierigkeiten auftraten, verabschiedete sich Theodoras Literatursalon schließlich aus dem echten Leben und wurde ab 2003 zu einer rein virtuellen Erscheinung – 18 Jahre bevor das 2020 plötzlich alle machen würden.

Und was war nun das Utopische an Theodora? Vieles, würde ich sagen. Vor allem, wenn man sich die originale Wortbedeutung anschaut: Das griechische Wort Utopie bedeutet „guter Ort“, aber auch „nirgendwo“ oder „ohne Ort“.[5]

Ein guter Ort war Theodoras Literatursalon gewiss. Er war ein Ort, der die Literatur zugleich feiern und in den Alltag holen wollte. Jede und jeder waren willkommen. Das war uns sehr wichtig. Niemand sollte eingeschüchtert und entmutigt werden, es sollten sich alle trauen, Literatur zu produzieren und über Literatur zu reden. Das war gar nicht so einfach.

So gab es durchaus noch einige andere Orte in der Stadt, in denen Autorinnen und Autoren eigene Texte vorstellen durften. Bei unseren Besuchen dort stellten wir jedoch fest, dass „harte Kritik“ ein Ritual zu sein schien, durch das man in der Vorstellung der dortigen Besucher und Besucherinnen als Jungspund durchmusste. Man musste einstecken lernen. Anerkennung zollte man dem Nachwuchs für eine souveräne Verteidigungshaltung. Ansehen gewann man aber auch durch eloquent formulierte, möglichst mit Anspielungen auf etablierte Literatur gespickte Kritik: „Das kann man so nicht machen. Das ist doch seit Thomas Bernhard nichts Neues mehr…“ Sowohl als Lesende als auch als Schreibende fielen dort vor allem Männer auf.

Und einige von diesen Männern begannen bald, auch Theodoras Literatursalon aufzusuchen. Was uns natürlich freute, wir freuten uns grundsätzlich über alle. Aber unsere Utopie von einem guten Ort begann zu bröckeln, als wir merkten, dass sich weniger Lesende auf die Bühne trauten und we-

5 https://www.hanisauland.de/node/2501 (Abruf 28. Mai 2021)

niger Menschen im Publikum mitdiskutieren, weil das Gesprächsverhalten einiger Anwesender ziemlich dominant war. Das war der Zeitpunkt, als wir anfingen, nicht nur Redelisten zu führen, sondern auch Gesprächsregeln aufzustellen. „Vielredner fassen sich bitte kurz", war so eine Regel, und wir scheuten uns nicht, mit dem Hinweis darauf die Redebeiträge auch mal abzuschneiden. Schon das fanden einige sehr ungewöhnlich. Und als wir dann auch noch mit Regeln für die Textdiskussion aufwarteten, kam uns durchaus Spott zu Ohren. „Theodoras Waschsalon" – weil wir angeblich weichgespülte Kritik wollten, oder „Theodoras Frisiersalon" – vermutlich einfach, weil wir Frauen waren und ich die Abende gerne in langen Kleidern und Xóchil im Anzug moderierte. Wir aber verteilten unverdrossen speisekartenartig laminierte Manifeste mit Regeln der Textdiskussion auf den Tischen: „Das Publikum wird aufgefordert, sachliche Kritik zu äußern, sie immer am Text festzumachen und zu begründen. Als Hilfestellung hat Theodora diesen Spickzettel zusammengestellt." Dieser enthielt konkrete Hinweise, auf was man beim Zuhören alles achten könnte.

Das Ziel, die Schreibenden weiterzubringen, ohne sie zu entmutigen, haben wir in meiner Erinnerung bei vielen erreicht. Wieviele von ihnen heute noch schreiben, weiß ich natürlich nicht. Ich erinnere mich an eindringliche Naturbetrachtungen eines dichtenden Försters, an eine enthusiastisch eigene Songs vortragende und Gitarre schrammelnde Sportlerin, an pornografische Gedichte einer punkigen Lady, an sehr lebendige Schilderungen der Nachkriegszeit in Berlin eines bereits gut etablierten Autors. Ein schwarzer Adeliger trug seine Gedichte genauso regelmäßig vor wie der Verkäufer einer Obdachlosenzeitung und beide bekamen immer ausgewogenes, aber leidenschaftliches Feedback von einem pensionierten Postbeamten. Es gab lyrische Zeilen, die mir bis heute in den Ohren klingen (und die ich hier nicht wiederzugeben wage, weil ich nicht mehr weiß, wer sie verfasst hat) und Kurzgeschichten, die mich umgehauen haben. Und natürlich gab es auch viele Texte, die über den Moment hinaus keine Bedeutung für mich gewannen oder mich zum Widerspruch reizten. Doch jeder einzelne Abend war wertvoll. Nicht nur der Texte wegen. Es waren auch die Begegnungen, die den Ort so wertvoll machten. Es kamen junge und alte Menschen. Frauen und Männer. Berlinerinnen und Berliner, Touristinnen und Touristen. Es kamen die, die sich keinen Eintritt hätten leisten können und manchmal auch die, die den besseren Wein noch zu billig fanden. Manche kamen nur einmal, viele aber immer wieder.

Mit dem Abstand von 20 Jahren verblüfft mich vor allem, dass wir das einfach so gemacht haben: Eine literarische Utopie schaffen. Wir hatten beide kein Geld. Ich hatte zwei kleine Kinder. Die Lesebühnen und literarischen Werkstätten waren männerdominiert. Aber wir lebten damals eine Weile einfach das, was uns gut erschien.

Manches wirkt aus heutiger Sicht gar nicht mehr so utopisch. In meinem Schreibstudiengang ist das Üben sachlicher und wohlwollender Kritik selbstverständlich.[6] Es gibt ein viel größeres Bewusstsein über dominantes männliches Gesprächsverhalten.[7] Junge Autorinnen fordern öffentlich ein, gehört und gefördert zu werden.[8]

Heute lebt Xóchil als Autorin.[9] Ich widme mich als Professorin vor allem der Vermittlung von Schreiben.[10] Theodoras Literatursalon hat in unser beider Leben Spuren hinterlassen, und in denen vieler unserer Gäste ganz sicher auch. Denn: Theodoras Literatursalon war ein guter Ort. Auch wenn er nicht bleiben konnte. Nirgendwo.

Katrin Girgensohn

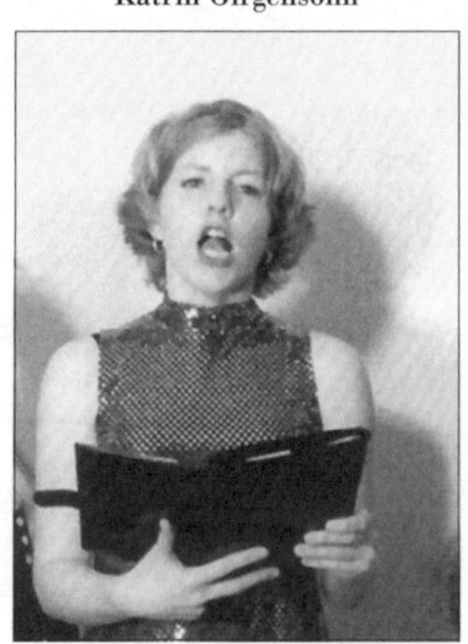

Hohes Lied des Schreibens.

6 https://www.srh-berlin.de/bachelor/studium-kreatives-schreiben-berlin/ (abgerufen am 4.6.2021)

7 z.B. http://astaup.de/2006/10/maennlich-dominantes-redeverhalten-erkennen-und-verhindern/ (abgerufen am 4.6.2021)

8 https://care-rage.de/ (abgerufen am 4.6.2021)

9 http://xochillen.de/ (abgerufen am 4.6.2021)

10 https://www.srh-berlin.de/hochschule/hochschulteam/girgensohn-katrin/ (abgerufen am 4.6.2021)

Dagmar Knöpfel

Utopie: Suche nach Schönheit?

Tintoretto: Madonna dell'Orto.

In meinem 2005 realisierten Film *Durch diese Nacht sehe ich keinen einzigen Stern* ist die verzweifelte Schriftstellerin Božena Němcová auf der Suche nach Schönheit. Das ist ihre Utopie, die sie sucht. Schönheit als Utopie – bei Božena Němcová schafft diese Vorstellung Trost und Hoffnung. Ohne die Schönheit, ohne die Kunst kann sie nicht leben.

„Es muss schöner werden...", ein Satz, den die von Corinna Harfouch verkörperte Božena Němcová im Film immer und immer wieder wie eine Beschwörungsformel wiederholt. Als Zuschauer erleben wir, sind wir Teil der schrittweisen, allmählichen Verwandlung der erlebten subjektiven Realität in Fiktion, in Literatur (Schönheit). Und durch den Film erfolgt eine weitere Verwandlung – von Literatur über das Drehbuch in das visuelle Medium Film.

1980 stellte ich meinem Professor Norbert Huse das Magisterthema „Tintorettos Bilder im Chor der Madonna dell'Orto" vor und schilderte ihm, was ich vorhabe, was ich erfahren, was ich herausbekommen möchte über die Bilder. Mich interessierte, wer die Auftraggeber für die riesigen Bilder waren, wann die Bilder gemalt wurden und auf welche Quellen und Inspirationen sich Tintoretto stützte, was seine literarischen und ikonographischen Vorbilder waren und was ganz und gar neu war.

Der von mir sehr geschätzte Kunsthistoriker meinte, was ich da vorhabe, das sei nicht machbar, das sei nicht realistisch (vielleicht utopisch?). Das hat mich angespornt, „nicht machbar“ – das ließ ich nicht gelten. Ich besuchte das Geheimarchiv des Vatikans und saß da als einzige Frau, streng beaufsichtigt, um Quellen über die Kirche Madonna dell'Orto zu finden, ich fuhr nach Ascoli Piceno, wo es die einzige ikonographisch ähnliche Darstellung der „Anbetung des goldenen Kalbes“ geben sollte, durchstöberte die Biblioteca Marciana in Venedig, das Venezianische Staatsarchiv, das Museo Correr und das Kirchenarchiv vor Ort. Mit dem Ergebnis meiner Detektivarbeit war Prof. Huse dann doch sehr zufrieden, und er schlug mir eine Promotion bei ihm vor und stellte mir ein Stipendium am Centro Tedesco di Studi Veneziani in Aussicht. Ein sicherer, interessanter und guter Weg, den ich hätte gehen können.

Es kam aber anders. Schon als Abiturientin wollte ich eigentlich Künstlerin werden, ich bewarb mich 18 Jahre jung an der Münchner Kunstakademie und wurde leider nicht aufgenommen. Also studierte ich Kunstgeschichte, um herauszufinden, wie es mit mir weitergehen könnte. So engagiert ich für mein Studium auch war, irgendetwas fehlte mir beim wissenschaftlichen Arbeiten. Immer mehr rückte der Film und das Kino ins Zentrum meines Lebens. Das Filmmuseum in München mit seinen wunderbaren Filmreihen über Bresson, Renoir und Ozu wurde zu meinem zweiten Wohnzimmer, und nach der Magisterarbeit wollte ich den Weg in die Filmbranche wagen. Utopisch? Vielleicht. Um mich herum waren die Reaktionen darauf, dass ich einen guten, interessanten und sicheren Weg (Kunstgeschichte) aufgeben möchte und mich auf den unsicheren, abenteuerlichen, schwierigen Weg in die Filmkunst machen wollte, eher entmutigend. „Das ist doch nichts für Dich“, „Das ist doch für Männer“, „So eine harte Welt“. Für mich war aber klar, ich musste es versuchen – und ich bewarb mich an der Filmhochschule in München.

Das ist ein aufwendiges, mehrstufiges Bewerbungsverfahren, bei dem sich jedes Jahr mehrere hundert Menschen bewerben. Ich gelangte in die „Endrunde“, das war schon mal ein schöner Erfolg. Die „Endrunde“ bestand aus einer ziemlich peinlichen und investigativen mündlichen Prüfung und Befragung: 12 Männer und ich in der Mitte. Das Ziel der Männer war, mich zu verunsichern und mir klar zu machen, ich solle doch besser weiter Kunstgeschichte studieren. Das Ergebnis dieses Verhörs war eine Ablehnung. Ich wurde nicht aufgenommen, aber ich ließ mich nicht abbringen und studierte ein Jahr als Gasthörerin an der Filmhochschule; im Jahr darauf bewarb ich mich noch einmal. Diesmal war ich schon vorgewarnt, wusste wie die Prüfung läuft und diesmal ließ ich mich nicht verunsichern. Als eine von nur vier Frauen des Jahrgangs 1981 wurde ich im zweiten Anlauf Studentin der Filmhochschule München.

In den nächsten 5 Jahren konnte ich vier Kurzfilme an der Filmhochschule realisieren. Das war großartig, auch wenn ich mich in meiner Klasse als Außenseiterin fühlte und nicht zu den Lieblingen unseres Regieprofessors gehörte. Angesagt war es damals unter meinen Mitstudenten, hollywoodartige Filme zu drehen und mein Interesse galt zunächst dem Neorealismo und der Literaturverfilmung. Das kam nicht besonders gut an und Literaturverfilmung war unter meinen Mitstudenten und Kolleginnen sogar ganz und gar verpönt. Trotzdem verfilmte ich für meine ersten Übungsfilme kurze Geschichten von Italo Calvino, Joseph Conrad und Veijo Meri. Mit meinem Abschlussfilm wollte ich dann einen anderen, neuen und experimentelleren Weg einschlagen. „Ein Abend in der Stadt“ begleitet semidokumentarisch eine junge Studentin in ihrem Alltag. Vierundzwanzig Stunden, ein Tag und eine Nacht. Ein Frauenfilm, eine Studie über Aktivität und Passivität, eine junge Frau auf der Suche nach sich selbst, nach Sinnhaftigkeit. An der Filmhochschule kam dieser Film nicht gut an, mein Professor bemängelte, dass man den Busen der Hauptdarstellerin nicht zu sehen bekäme. In der damals sehr kleinen Münchner Frauenfilmszene regte der Film allerdings zu einer Diskussionsreihe darüber an, ob es einen „weiblichen Blick“ gibt beim Filmemachen. Und der Film wurde sogar im Bayerischen Fernsehen ausgestrahlt.

Die nächsten Jahre waren geprägt von unerschütterlichem Optimismus, das ist wohl nötig, um zu glauben, man könnte Filme machen, denn das ist teuer und der kommerzielle Druck ist groß. Frauen waren und sind nicht erwünscht und das Arthouse Kino, das ich machen wollte, war und ist auch nicht wirklich erwünscht.

Seit meinem Abschluss an der Filmhochschule sind 35 Jahre vergangen, in denen ich drei große eigene Kinospielfilme realisieren konnte (realisierte Utopien?) und eine ganze Reihe Auftragsfilme fürs Deutsche Fernsehen. Alle drei Spielfilme spielen im 19. Jahrhundert und sind von literarischen Vorlagen inspiriert. Die Drehbücher habe ich selbst geschrieben, Frauenfiguren stehen im Zentrum der Filme. Frauen, Einzelgängerinnen, Außenseiterinnen, Vorreiterinnen, Frauen, die ihrer Zeit voraus waren auf der Suche nach ihrer weiblichen Identität in einer Gesellschaft des 19. Jahrhunderts, die ihnen dafür keinen großen Spielraum geboten hat.

Brigitta (1994), nach der gleichnamigen Novelle von Adalbert Stifter, verlässt ihren Mann, der sie betrogen hat, lebt alleine mit ihrem Sohn auf ihrem Landgut und bewirtschaftet wie ein Mann in Männerkleidung alleine die unfruchtbare Puszta und wird zu einer Vorreiterin der modernen Landwirtschaft.

In *Requiem für eine romantische Frau* (1999), nimmt Auguste Bußmann die Liebesschwüre von Clemens Brentano ganz und gar wörtlich. Sie verzweifelt und scheitert nach jahrelangen Kämpfen letztlich an dem Widerspruch zwischen Literatur und Realität. Eine Liebesgeschichte aus einer Zeit, in der die Liebesheirat noch eine Ausnahme war, eine Geschichte der gegenseitigen Überforderung, eine Amour-fou-Geschichte, lange bevor es diesen Begriff gab, ein Paradigma der romantischen Liebe.

Božena Němcová, deren letzte Briefe ich in dem Film *Durch diese Nacht sehe ich keinen einzigen Stern* (2005) verfilmt habe, besteht auf ein Leben als Künstlerin, obwohl die Gesellschaft und ihr Mann dafür kein Verständnis haben. Der Film über Božena Němcová ist wie auch meine anderen sehr persönlich und sowohl in der Erzählweise als auch visuell ein moderner Film über eine große und wichtige tschechische Schriftstellerin. Eine der modernsten Frauen und Künstlerinnen des 19. Jahrhundert, eine Frau, die für sich selbst das Gefühl hatte, vor ihrer Zeit gelebt zu haben: „*Ich weiß nicht, ob ich dasselbe Leben nochmals erleben möchte, – nein, wenn ich wählen könnte – ich wünschte mir, so in zweihundert Jahren nochmals geboren zu werden, oder noch später, denn ich weiß nicht, ob es bis zu dem Zeitpunkt eine Welt geben wird, in der ich mit Wonne leben wollte.*“ (Brief Božena Němcová, 1856)

Einige auf Literatur beruhende künstlerische Projekte sind (noch) nicht realisiert worden, sie spielen im 20. Jahrhundert. Die Reihe der drei wichtigsten nicht realisierten Projekte beginnt mit der Verfilmung eines Romans von Nabokov „Gelächter im Dunkeln“, der in Berlin um 1930 spielt.

Im Sommer 2000 bin ich mit einer Freundin, die Slavistin und Nabokov Spezialistin ist, an den Genfer See gefahren, um dort in Montreux den Sohn von Nabokov, Dimitri, zu treffen. Wir sprachen mit ihm über die

Verfilmung des Romans seines Vaters und er war mit meinen Ideen einverstanden und signalisierte seiner Agentin in New York, mit uns zu sehr günstigen Bedingungen einen Vertrag über die Verfilmungsrechte zu machen. Eine interessierte Produktionsfirma in Deutschland hatte ich inzwischen auch gefunden. 2001 wurde ein Vertrag aufgesetzt und nach New York geschickt. Hoffnung! Doch plötzlich war Funkstille, die Agentin meldete sich nicht mehr und erst nach mehrmaliger Nachfrage erfuhren wir, dass eine Hollywood Filmproduktion die Filmrechte für sehr viel Geld gekauft hat. Damit waren wir nicht mehr befugt, an dem Stoff weiter zu arbeiten. Aber auch aus dem Hollywoodprojekt ist bis heute noch nichts geworden.

Im Oktober 2002 fuhr ich mit der gleichen Freundin nach Brüssel, um dort Tshingis Aitmatov zu treffen, der damals Botschafter von Kirgisien war. Mein neues Projekt war die Verfilmung seines Romans „Du meine Pappel mit rotem Kopftuch", und nach einem freundlichen Gespräch in der Botschaft mit dem Ehepaar Aitmatov bekam ich die Filmrechte, ohne vorweg etwas bezahlen zu müssen. Ich schrieb ein Treatment basierend auf der Geschichte, fand eine Produktionsfirma, und wir bekamen 2004 eine Entwicklungsförderung von MEDIA Europa. Da ich zu der Zeit gerade in Dreharbeiten für *Durch diese Nacht sehe ich keinen einzigen Stern* steckte, schrieb ein befreundeter Autor das Drehbuch. Im Herbst 2005 fuhr ich mit dem Drehbuchautor nach Kirgisien, um Motive zu suchen, Schauspieler zu treffen, Partner zu finden. Gut vorbereitet, versuchten wir den Film zu finanzieren und scheiterten letztendlich an einer Beteiligung der Fernsehsender. Die Redakteure vermissten einen Bezug zu Deutschland. Es zählte nicht, dass Aitmatov eine sehr große Leserschaft in Deutschland hat.

Bereits 1995 nach einer Kinovorstellung von *Brigitta* wurde mir ein Büchlein von Karin Schrey in die Hand gedrückt, bei dem es um die Geschichte einer Puppe geht, die seit 1933 bis heute von Kind zu Kind gewandert ist und dabei ein Geheimnis in sich trägt. Im Laufe der Jahre drängte sich mir diese Geschichte immer wieder als Filmidee auf, aber erst 2009 beschloss ich, sie in Angriff zu nehmen. Ich schrieb ein Konzept, mit dem Titel *Es war einmal in Europa*, bekam dafür ein Stipendium für die Villa Aurora (Villa Feuchtwanger) in Los Angeles und anschließend eine Drehbuchförderung der FFA in Berlin. Für das fertige Drehbuch fand ich 2013 wieder Produzenten, die den Film machen wollten, und zusammen mit einer renommierten Autorin entwickelten wir das Drehbuch weiter und erarbeiteten ein visuelles Konzept. Von verschiedenen Seiten wurde großes Interesse signalisiert, eine Finanzierung schien durchaus möglich. Die Dreharbeiten waren schon am Horizont sichtbar. Doch wieder scheiterte das Projekt am Deutschen Fernsehen, das sich nicht beteiligen wollte. 2016 wurde ich von der Produktionsfirma aus meinem eigenen Projekt entlassen, ein kleiner Fehler in meinem Optionsvertrag mit der Firma machte das möglich.

Vielleicht ist alles künstlerisches Schaffen zu verstehen als utopische Arbeit? Und dazu gehört es auch, sich Filmprojekte auszudenken, Konzepte und Drehbücher zu schreiben und zu entwickeln, jahrelang für die Realisierung zu kämpfen. Etwas schaffen, in die Welt setzen, was es noch nicht gibt – ein utopischer Aspekt in der Kunst?

Božena Němcová / Corinna Harfouch

Es muss schöner werden.